电网投资分析与评价

国网能源研究院有限公司　编著

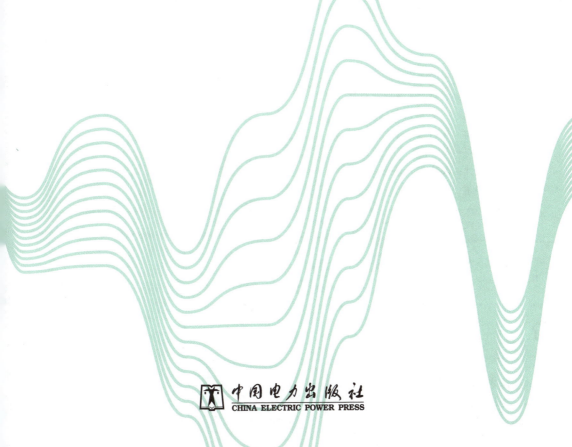

中国电力出版社
CHINA ELECTRIC POWER PRESS

内 容 提 要

随着我国电网建设规模和投资总额的不断增大，相关从业者面临新问题、新挑战，本书作者结合多年来在电网规划投资管理、投资分析、投资评价等领域的实践，从电网投资管理架构、电网规划对投资的管理要求、电网投资审核方式和疏导情况、国内外电网投资界面等方面编写了《电网投资分析与评价》。

本书分为 5 章，分别为电网投资基础、电网投资管理、电网投资分析、电网投资评价、电网投资保障，并在电网投资分析与电网投资评价两个方面建立了输、配电网的投资评价指标体系，提出投资评价与业务管理融合的路径。

本书可供从事电网投资分析的管理人员和技术人员参考使用，也可供相关专业师生学习参考。

图书在版编目（CIP）数据

电网投资分析与评价 / 国网能源研究院有限公司编著 . — 北京：中国电力出版社，2023.11
ISBN 978-7-5198-7587-9

Ⅰ . ①电… Ⅱ . ①国… Ⅲ . ①电网—投资分析—研究 Ⅳ . ① F407.616.71

中国国家版本馆 CIP 数据核字（2023）第 034688 号

出版发行：中国电力出版社
地 址：北京市东城区北京站西街 19 号（邮政编码 100005）
网 址：http://www.cepp.sgcc.com.cn
责任编辑：翟巧珍（806636769@qq.com） 胡 帅（1175198765@qq.com）
责任校对：黄 蓓 马 宁
装帧设计：郝晓燕 赵丽媛
责任印制：石 雷

印 刷：三河市百盛印装有限公司
版 次：2023 年 11 月第一版
印 次：2023 年 11 月北京第一次印刷
开 本：710 毫米 × 1000 毫米 16 开本
印 张：8.25
字 数：124 千字
定 价：49.00 元

《电网投资分析与评价》
编写组

组　　长　李　健

副组长　韩新阳　靳晓凌

成　　员　田　鑫　王旭斌　神瑞宝　张　超

张　钧　谢光龙　边海峰　代贤忠

柴玉凤　张　幸　张　琛　朱　瑞

吴洲洋　张　岩　何　博　刘卓然

丁玉成　熊宇威　刘　宇　赵红生

电力工业是国民经济的基础性产业，也是国民经济的"先行官"，对经济社会可持续发展具有重要的支撑作用。改革开放以来，我国电力供应长期处于偏紧状态，电力投资向电源倾斜，电网投资则相对滞后，形成"重发轻供不管用"的现象。近年来，电网投资总额不断加大，超过电源投资，以国家电网有限公司为例，2022年电网总投资额超过5000亿元。电网投资不仅有效带动了经济社会的可持续发展，对于我国可再生能源消纳、能源安全保障人民美好生活等方面均产生了积极作用，很好地体现了电网投资的社会属性。

本书依托笔者团队多年从事电网规划投资管理、投资分析、投资评价等领域的研究成果和工作实践，对电网投资分析与评价相关内容进行阐述。全书共5章，包括电网投资基础、电网投资管理、电网投资分析、电网投资评价、电网投资保障。本书内容从电网的物理属性和产业属性出发，对电网投资类型、影响因素进行了简要分析。研究了电网投资审核、价格疏导和投资界面。分析了近年来电网投资规模和结构，提出了电网投资方向和趋势。研究了电网投资效率效益评价方法和模型，提出了考虑电网运行及负荷特性约束条件下的资产设备利用率上限估计值的投资效率效益评价方法，以及输电网和配电网投资效率效益评价方法。设计了电网规划—投资—电价联动机制，并对电网东西帮扶和投资管理信息化管理机制提出初步构想。

本书主要面向电网规划和投资的管理者、决策者，以及电网规划、投资的相关从业人员。由于专业水平所限，编写过程中难免出现错误，恳切期望读者在阅读中发现的问题和错误及时提出，以便再版时加以修正。

编者

2022 年 12 月

目 录

1 电网投资基础

1.1 电网的物理属性

1.1.1 电能的产生和应用

早在 1752 年，富兰克林以危险的方式接引空中雷电，证明自然界电的存在，1786 年，伽伐尼经过实验证明了电流的存在。之后，越来越多的科学家进行了探索，对电势、电池等进行了一系列研究。这个时期，人类对电有了初步的认识，但还没有真正了解电的作用。

直到 1831 年，英国科学家法拉第发现了电磁感应现象，即通电线圈周围有磁力线的电磁感应，反之，导体切割磁力线会产生电流，这奠定了发电机及电动机的理论基础。科学家们根据这一发现，从 19 世纪六七十年代起对电作了深入研究，出现了一系列电气发明。在 1866 年，德国西门子制造出了实际可用的发电机，可实现机械能转换为电能。这一时期，能把电能转换为机械能的电动机也被发明出来，人类历史从蒸汽时代跨入电气时代。之后，电话、白炽灯相继问世。1880 年，爱迪生提出电力输配系统。1882 年 6 月，美国纽约珍珠街电厂建立，这也是世界上第一个商业发电厂。

中国的电力工业起步很早，几乎与世界同步，1882 年，英国人立德尔（R.W.Little）在上海创办上海电气公司，建成中国第一家发电厂，装机容量仅12kW，同时沿外滩到虹口招商局码头架设了 6.4km 的输电线路，串接了 15 盏弧光灯。当年 7 月 26 日，电厂开始供电，街头一片光亮，至此标志着中国大地上诞生了第一条输电线路。中国最早形成的电网建成于 1907 年的上海，从斐纶路发电厂通向市中心，共有 5 条输电线路，设有 12 个配电站，输电线路主要分布在现在的虹口区和黄浦区一带，最高电压为 2.5kV。

中华人民共和国成立前，中国处于半殖民地半封建社会，由于外强侵略、长期战争、社会动乱、外国资本控制和制约，电力工业发展道路坎坷，步履蹒跚。至中华人民共和国成立之初，输电电压等级繁多且没有按统一标准执行，一部分大城市采用 22kV 和 33kV 电压，日本侵占的东北地区多采用 44kV 和 66kV 电压。大城市之间，如北京—天津—唐山输电线路采用 77kV，东北地区抚顺—鞍山—浑河线路采用 154kV 输电，丰满—抚顺 220kV 输电工程是当时中国电压等级最高的输电工程。全国 35kV 及以上输电线路 6475km，变电容量 346 万 kV·A。

中华人民共和国成立后，电网与输变电工程才有了真正的发展，从以城市为中心的电网到省级电网，到跨省的区域电网，再到除台湾地区之外的全国联网，实现大范围的互联互通、资源优化配置；从 110kV 到 220kV 高压电网传输，到 330、500/750kV 超高压电网，再到 1000kV 交流和 ±800kV 直流特高压，中国电网与输变电技术实现了从跟随到领先，从交流联网发展到交直流混联电网，电网形态不断发生变化，电网输送能力不断增强，输变电技术水平不断提升。

电能的广泛应用，推动了社会生产各个领域的发展，开创了电气化时代，引领了近代史上第二次技术革命。直到现在，现代工业、农业、国防、交通运输业等都广泛使用着电能，而且电气化程度愈来愈高。此外，人民日常生活中也广泛使用着各种电器。电能的应用不仅深刻地影响着社会物质生产的各个方面，也越来越广地渗透到人类日常生活的各个层面。电力系统的发展程度和技术水平已经成为各国经济发展水平的重要标志。

1.1.2 电力系统和电网

电力系统是指由发电厂、变电站、输电线路、用户等在电气上相互连接所组成的有机整体。电力系统示意图如图 1-1 所示。

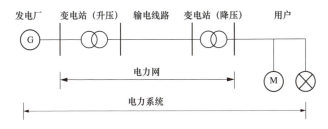

图 1-1 电力系统示意图

发电厂或称发电站（简称电厂或电站），是将一次能源转换为电能（二次能源）的工厂。按利用能源的类别不同，发电厂可分为火力发电厂、水力发电厂、核能发电厂及太阳能发电厂、地热发电厂、风力发电厂、潮汐发电厂等。大多数发电厂生产过程的共同特点是由原动机将各种形式的一次能源转换为机械能，再驱动发电机发电。

除去发电机、用户，剩下的部分，即输电线路和它两边连接的变压器称为电力网，简称电网。因此，电网是指各种电压等级的输、配电线路及由它们所联系起来的各类变电站所组成的电力网络，主要包括输电网和配电网。其中，输电网的功能是将发电厂发出的电力送到消费电能的地区，或进行相邻电网之间的电力互送，形成互联电网。配电网的功能是接受输电网输送的电力，进行再分配，输送到城市和农村，分配和供给工业、农业、商业、居民等电力用户。

就电力输送和供给方式而言，有交流和直流两类方式。交流输配电方式由升压变电站、降压变电站及其相连的输电线路构成。组成升压变电站和降压变电站及输电线路的设备称为输变电设备。直流输电方式由送端和受端的换流站及其相连的直流输电线路构成。

电压等级是指电力系统及电力设备处于正常运行状态的电压值。在输送相同容量电能的情况下，输电电压等级越高，通过输电线路的电流越低，线路产生的发热等损耗越小。但是，高电压等级的电力设施投资也越大，因此从技术和经济角度考虑，对应一定的输送功率和输送距离，有一最合理的线路电压。

输电网电压等级一般分为高压、超高压和特高压。国际上对于交流输电网，高压（HV）通常是指 35kV 及以上、220kV 及以下的电压等级；超高压（EHV）通常是指 330kV 及以上、1000kV 以下的电压等级；特高压（UHV）指 1000kV 及以上的电压等级。对于直流输电，超高压通常指 ±500（±400）、±660kV

等电压等级；特高压通常指 ±800kV 及以上电压等级。

我国已经形成了 1000/500/220/110（66）/35/10/0.4kV 和 750/330（220）/110/35/10/0.4kV 两个交流电压等级序列，以及 ±500（±400）、±660、±800、±1100kV 直流输电电压等级。我国的高压电网是指 35、66、110kV 和 220kV 电网；超高压电网是指 330、500kV 和 750kV 电网；特高压电网是指以 1000kV 交流电网为骨干网架，特高压直流系统直接或分层接入 1000/500kV 的输电网。我国已建成 1000kV 特高压交流和 ±1100kV 特高压直流输电工程。我国的输电网通常是指 220kV 及以上的电压等级电网，配电网通常是指 110kV 及以下电压等级的电网。不同电压等级对应的输送距离和输送功率如表 1-1 所示。

表 1-1　　　　　不同电压等级输送距离和输送功率

电压等级（kV）	输送距离（km）	输送功率（kW）
0.22	0.15 以下	50 以下
0.38	0.6 以下	100 以下
3	1~3	100~1000
6	4~15	100~1200
10	6~20	200~2000
35	20~40	2000~1 万
66	30~70	2 万~4 万
110	50~120	2 万~5 万
220	100~300	10 万~50 万
330	300~800	35 万~80 万
500	400~800	100 万~150 万
750	500~1000	200 万~250 万
1000	600~2000	600 万~2000 万

除了大电网以外，还有一种具备独立电源、输电线路和用户的小型电力系

统，这类系统通常覆盖范围较小，称为微电网。微电网是指由分布式电源、用电负荷、配电设施、监控和保护装置等组成的小型发配用电系统。微电网分为并网型和独立型，可实现自我控制和自治管理，最高电压等级一般在 35kV 及以下，系统容量原则上不大于 20MW。并网型微电网通常与外部电网联网运行，与外部电网的年交换电量一般不超过年用电量的 50%，且具备并离网切换与独立运行能力，独立运行时能保障重要负荷连续供电不低于 2h[①]。

在当前"碳达峰、碳中和"目标和新型电力系统建设目标指引下，以新能源发展促进能源转型是当前电力系统发展的关键问题。分布式智能电网的发展潜力巨大，提高供电可靠性和供电质量的要求及远距离输电带来的种种约束都在推动负荷侧参与电力系统的运行。采用分布式电源和负荷的就地控制可以实现微电网运行控制，微电网集中能量管理可以实现微电网稳态安全、经济运行。

随着电网技术的不断发展，现代电网的形态、功能正在发生深刻变化，电网功能将由单一的电能输送载体，向具有强大能源资源配置功能的智能化基础平台升级。能源转型的不断深入对电网的功能作用、运行方式提出新的要求。从能源生产侧来说，由于风能、太阳能等新能源，具有显著的随机性、间歇性、波动性特征，大规模、高比例接入电网，带来巨大调峰调频压力，电力系统平衡调节和电网安全稳定运行面临一系列新挑战。从并网主体来说，随着大量分布式电源、微电网、电动汽车、新型交互式用能设备的接入，这些并网主体兼具生产者与消费者双重身份，改变了传统的潮流从电网到用户的单向流动模式，电网运行的复杂性、不确定性显著增加。

未来的电网，在形态上向着能源互联网演进。能源互联网是有机融合能源系统、信息系统、社会系统，以坚强智能电网为核心，以能源互联互通为方向，智能灵活、多能互补、开放融合的现代智慧能源系统，能够有效支撑可再生能源大规模开发利用，满足各种能源设施便捷接入，支持能源新模式新业态发展。

未来的电网，从技术上向着新一代电力系统升级。新一代电力系统，是适应新能源高比例接入、新型用能设备广泛应用，集成先进输电、大规模储能、新能源友好并网、源网荷储互动、智能控制等先进技术，具有广泛互联、智能

---

① 来源：国家发展改革委、国家能源局.推进并网型微电网建设试行办法（发改能源〔2017〕1339 号），2017 年 7 月。

互动、灵活柔性、安全可控、开放共享特征的新型电力系统。

1.2　电网的产业属性

从产业角度看，电网属于网络经济类型之一，网络经济的各种特性造成了电网自然垄断的技术经济基础，而自然垄断的特性又要求政府主管部门、电网企业、社会资本等各主体更加注重电网投资分析与评价，提高投入产出效率。

与传统经济现象相比，网络经济通常具有规模经济性，即随着用户规模越大，企业所提供产品和服务的边际成本越低，相应的边际收益就越大，企业的竞争力就越强。具体到电网产业，规模经济性体现在单位电网资产的输配电量随着用户规模的增大而增加，供电边际成本持续下降，使得单位电量的平均供电成本持续降低。同时，电网规模的扩大也会进一步降低调频、调峰、备用等辅助服务成本。

另外，电网具有产业拉动效应。作为影响电力制造业投资的重要砝码，电网基础设施投资有利于拉动实体领域的持续稳定高质量投资，带动上下游企业共享发展，维护制造业竞争优势，夯实国民经济稳定发展根基。以陕北—湖北±800kV 特高压直流工程为例，工程总投资约 185 亿元，工程建设将直接带动设备生产规模约 120 亿元，增加就业岗位超过 4 万个，带动电源等相关产业投资超过 700 亿元，产业拉动作用非常显著。根据 2020 年数据测算，电网企业通过 4500 亿元左右的电网投资，可以拉动国民经济增长 0.5 个百分点左右，提供就业岗位 70 万个以上。

随着新型电力系统的建设，电网作为清洁能源优化配置的关键平台，为新能源产业链的技术创新和发展应用提供了实用化场景，有利于我国相关产业链的高端化提升。当前能源转型步伐不断加快，能源生产由化石能源转向绿色低碳的风、光等新能源，截至 2021 年底，风电、光伏发电装机规模均占全球发电装机的 1/3 以上，分别连续 12 年、7 年稳居全球首位。能源形态的变化将带来整个能源产业链的技术更新，以信息技术、新材料技术等新技术的应用为特点的能源产业链高端化将凸显，有利于我国加快构建以清洁能源高效利用为代表的工业体系。

1.3　电网投资类型及发展情况

1.3.1　电网投资概念

投资是指将有形或无形资产投放于某种对象或事项，以取得一定收益的活动，主要包括固定资产投资和股权（产权）投资，其中固定资产投资是指境内外新建、改扩建、购置固定资产的投资。电网企业投资主要指为了增强输配电的能力而进行的投资，其中对变电设备和输电线路的建设投资是其主要投资形式。电网企业投资项目分为基本建设（包括电网基建、产业基建、小型基建）、技术改造（包括生产技术改造、产业技术改造、非生产技术改造）、零星购置、股权（产权）、营销和信息化项目（资本性部分）。

1.3.2　电网投资主体及特征

电网投资业务主体主要有电网企业、政府部门和社会资本。

（1）电网企业。电网企业作为电网投资的重要单位，相较于其他投资主体，在从业人员到建设经验上，都具有无可比拟的优势。人才储备上，专业人员素质高且执行力强；资金投入上，电网企业融资成本低，资金来源充足；产业规划上，电网企业具备规模效益优势和全产业链协同优势；技术方面，科研创新优势显著，有丰富的运营经验应对突发事故；客户方面，电网拥有丰富稳定的客户资源。电网企业在电网的投资建设中存在的劣势是企业本身竞争意识不足，服务水平有待提高；投资管理期限长，快速响应和调整能力弱；与市场化要求有差距，且往往需要承担相应的保底服务。

（2）政府部门。电网投资项目中的增量配电业务具有低市场风险、投资回报率稳定的优点，可以吸引地方政府的资金注入，谋求政绩和财政收入增加。工业园区组建混合所有制配售电公司，既能降低各方投资成本，又能优化园区投资环境，为园区可持续性发展提供充足的资金。优质的电力客户、充足的利润空间和较低的管理难度，调动了政府投资平台参与增量配电网投资的积极性。地方政府能源管理部门主要职责是制定增量配电网业务明确的实施细则，推广特许投标制度，监管工作到位，保护好各投资主体利益。园区政府参与增量配电网投资，对配电网的规划具有政策主导地位，用户认同度高。

（3）社会资本。2016年国家能源局发布的《关于在能源领域积极推广政府和社会资本合作模式的通知》明确，供电或城市配电网建设改造、农村电网改造升级、充电基础设施建设运营、微电网建设改造、智能电网项目等属于能源领域推广公私合营 (public-private-partnership, PPP) 模式的应用范围。我国电力市场因历史原因，以输配售一体化为主，配电网领域投资是一项新兴业务，社会资本积极拓展业务范围，形成新的利润增长点。社会投资主体在差异化增值服务等方面具有一定优势和竞争力，但社会主体因为自身实力不足和对政策的疑虑，同电网企业竞争的信心不足，在利益分配上达不到预期，需要政策积极引导投资，创建公平公正的投资环境。社会投资主体主要包括四类，分别是传统发电企业、新型分布式能源企业、用电大户和信息化企业。

1.3.3 电网投资发展情况

我国的电力工业起源于积贫积弱的旧中国。新中国成立之初，我国经济总量仅358亿元人民币，在世界的排名很靠后。能源供给严重短缺，电源结构单一，只有水电和火电，合计发电装机容量仅185万kW；35kV及以上输电线路长度6475km，变电设备容量仅346万kVA，最高电压等级220kV；全社会用电量仅34.6亿kWh，80%以上人口用不上电。

新中国成立以来，电力投资规模不断攀升，2020年突破1万亿元，2021年达到1.08万亿元。我国电力工业勇当先行、砥砺奋进，从小到大、从弱到强，从"用上电"到"用好电"，为经济高速增长、社会快速进步、生活持续改善提供了强力保障和巨大动力。受不同时期的电力投资模式、资金供应情况、主要矛盾问题等因素影响，电源与电网的投资关系呈现一定的变化特点。

由于国家电力建设资金短缺，电力工业在上世纪90年代之前长期呈现"重发轻供不管用"的特点，电源投资在电力投资中的占比达到或接近80%，电源投资与电网投资比长期为4:1。80年代引进外资、社会资本，也主要用于电源领域。致使电网建设长期滞后，欠账较多，很多地区长期缺电。

1998年亚洲金融危机之后，出现几年的电力供大于求的局面。国家一方面压缩电源投资，一方面重视城乡电网建设，增加电网建设投入，以解决局部地区电网和发电不适应的问题。电网投资在电力投资中的比重逐年升高，2002 年达到 69%，电源投资与电网投资比达到 3:7。

2003 年由于我国工业化中期等特征带动电力需求快速增长，引起大范围电力供应紧张，电源建设再一次出现反弹性增长，每年增速达到 15% 以上，2003~2011 年电源投资再次总体超过电网投资，其中 2004 年最高为 72.1%，之后逐步回落。

2009 年以来，为全面解决电网建设滞后问题，国家电网和南方电网加强了电网建设投资，2009~2015 年电网投资和电源投资占比基本相当，在 50% 附近波动。

2016 年受国家发电"去产能"影响，电源投资骤降，2016~2019 年期间电源投资占比均低于 40%，电网投资占比较高。

随着"双碳"目标和构建新型电力系统的战略提出，新能源发电得到较大刺激，2020 年以来电源投资占比再次超过 50%。2021 年，我国经济总量达到 114.4 万亿元人民币，排名世界第二。电源结构丰富，发电装机容量达到 23.8 亿 kW；35kV 及以上输电线路回路长度达到 226 万 km，变电设备容量 72 亿 kVA，最高电压等级达到交流 1000kV 和直流 ±1100kV；全社会用电量 8.3 万亿 kWh，实现了户户通电。未来几年，电源投资与电网投资的比重还在 50% 左右波动，共同支撑经济社会高质量发展和人民美好生活水平持续提升。我国电源投资与电网投资比重变化如图 1-2 所示，电网投资变化情况如图 1-3 所示。

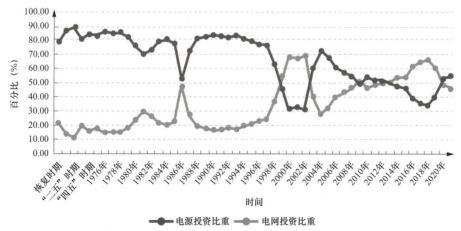

图 1-2　我国电源投资与电网投资比重变化

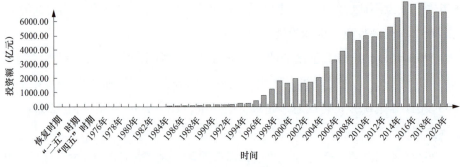

图 1-3　我国电网投资变化情况

1.4　电网投资的影响因素

电网投资是指用于电网基本建设项目的投资，投资的建设项目主要为不同电压等级送变电工程项目、基建工程项目及其他专项工程项目等。电网投资的合理性对提高我国经济和社会效益、国有资本的整体投资效益和效率、电网企业的效益和稳定发展等具有重要的现实意义。近年来，随着电网投资规模的逐渐加大、供电能力裕度出现、越来越多的新能源分布式电源接入复杂电网，如今的电网企业在进行投资决策时，就需要将电力需求、供电可靠性、供电能力以及新能源的发展等一系列因素考虑在内，才能准确地把握电网投资、合理投资决策、提高企业的利润空间、适应国家能源发展新形势和即将迎来的"十四五规划"新决策。

1.4.1　经济社会影响因素

经济社会因素是指影响产品生产和销售的一系列外部因素，可以较好地反映地区收入水平及经济水平，反映出消费者支出水平的变化，是电网投资重要的影响因素。价格影响需求是市场经济的一大原理。电力市场中存在三种电价：第一种是电力生产过程中的上网电价，第二种是电力输配过程中的输配电价，第三种是电力消费市场中的销售电价。上网电价的高低会影响发电企业的投资行为，输配电价的高低会影响电网企业的投资行为，销售电价的高低会影响消费者的购买需求。电力作为一种商品，也有一定的需求价格弹性。当电力价格超乎人们所能接受的范围时，人们会减少除日常生存之外的电力需要，电力的购买力会下降。这些因素与电网营销活动密切相关，电网可以根据这些因素来分析市场需求，从而开展售电量分析、投资规划分析等工作。经济社会的变化既可以给企业带来发展机会，也可能形成某种威胁。经济社会因素同时也对电力行业因素产生正向影响。经济社会的发展必然离不开电源及电网规模的建设，也必然会对电力生产和输配能力（即电源和电网规模）要求比较高，即对电力行业的要求较高。相反，如果经济和社会的发展面临不景气的局面，则不需要提高电力行业的发展。反映经济市场环境的指标主要包括销售电价、售电量、供电人口和电力行业景气指数。其中，销售电价和售电量是电网投资中利润的关键指标，而供电人口和电力业景气指数则关系到投资能力中利润的调整系数。

另外，政策环境也会对电网投资产生很大的影响。政策环境指企业投资活动面临的社会体制、制度条件和政治文化、相关产业政策、法律条文和国家出台的引导性文件等。反映政策环境的指标主要包括税收政策、环保政策、政府投资和财政补贴。我国的电力体制市场化改革是从发电环节的投资开始的，电价和电网投资的市场化改革相对滞后。2015年《关于进一步深化电力体制改革的若干意见》（中发〔2015〕9号）提出了以电价市场化改革为核心，"放开两头、管住中间"的电力体制改革架构。新一轮电力体制改革对电网企业的投资管理产生了较大影响，如在输配电价改革后，电网企业不仅要将电网投资设为最重要的规划目标之一，在电网投资决策过程中，综合考虑相关影响因素，科学合理地确定电网投资项目和投资规模，同时还要考虑政府部门对企业相关投资的严格监管，避免相关投资对电力市场供求和电价产生较大冲击。此外，售电环节的投资和经营逐步放开，将有利于提高电网环节的市场化程度和促进电力行业的均衡发展。因此，从整体来看，我国电力体制的市场化改革进一步提高了电力行业的竞争性，激发了行业活力以及电力投资的热情。据此认为，适当的产业政策改革，有利于促进电网投资市场化的形成。政策环境对企业投资活动具有直接且重要的影响，如果是国家大力扶持的方向，企业在投资时就会享受一定的优惠，如果投资过程中违反或触犯了相关规定，就有可能增加企业的额外投资成本甚至阻碍投资活动的正常进行。

1.4.2　电力行业影响因素

电力行业影响因素主要包括电力供给因素和需求因素。在供给方面，电力供给增加必然导致电网投资的增加，两者呈现出正向的关系；在需求方面，电力消费拉动电力投资，进行电力投资水平首先要考虑的就是电力需求。

从整体来看，电网投资主要是为了服务发电企业和电力用户，因此，行业因素主要涉及发电、输配电、售电三个环节。发电环节的主要因素和指标包括发电装机容量、发电量、单位电量煤耗、电煤价格、发电资产规模等；输配电和售电等涉及电网部分的影响因素主要包括输电线路（各类电压等级的线路长度）、变电容量（各个电压等级的变电容量）、特高压电网建设特高压线路长度和变电容量、智能电网建设（如新增智能变电站和智能电能表等指标）、供电质量（电压合格率、供电可靠率、容载比等）、供电效率（线损、单位线路供电量、电网资产规模等）、供电收入和成本（上网电价、销售电价、售电量、事故次数、平均工资水平等）等。另外，电网投资也需要考虑发电量、供电量、售电量、用电量等的平衡，其中，主要是发电量和售电量的平衡。电网环节是衔接电力供求的纽带，平衡供求，保持电力市场的稳定也是电网企业的责任。从长远看，电网投资必须以电力市场需求为导向，按照电力需求确定电网和电源的发展和投资，而电力需求主要由经济和社会的发展水平决定。

2021 年 3 月 15 日，习近平总书记在中央财经委第九次会议上提出，构建以新能源为主体的新型电力系统。明确了新型电力系统在实现"碳达峰、碳中和"目标中的基础地位，为能源电力发展指明了科学方向、提供了根本遵循。随着新能源分布式发电的不断发展，含有分布式电源的复杂电网的运营管理与投资分析也愈加复杂。由于新能源分布式电源具有间歇性、不稳定性等特点，以光伏发电为例，有光照时，光伏发电可以提供电量，一旦太阳落山了或者是阴雨天气时，光伏发电是无法提供电量的。因此，在含有新能源分布式发电的复杂电网规划中，需要把新能源分布式发电的间歇性考虑进去，将系统失负荷的概率、功率不足期望及电压稳定裕度等因素作为关键因素纳入电网投资规划分析中。并网后的分布式电源给电网的电力需求预测和电网投资规划都带来了较大的挑战；同时，随着新一轮电改的深入推进，电网公司的核算方式由原来的"差价定价"变为"成本加收益"，利润空间被压缩，电网投资能力也受到了较大的影响。因此，在进行电网投资分析评价工作中，不仅需要考虑加入分布式电源后电网的电力需求水平，同时还需要掌握新能源电网具备的一些特点，以制订出最合理、最优化的投资策略。

其中，装机设备容量代表着设备的最大发电能力，装机容量的大小要与电力需求相适应。装机容量过大，会造成资源的闲置和资金的浪费；装机容量过小，就可能造成电力紧缺。装机设备容量越大，表示电网投资越大。生产的电力产品越多，电网投资也就越大。电力的供应量，对输变电投资项目具有重要影响。近年来，为了响应全球节能减排的要求，国家对新能源发电给予大力资金支持，导致风电、太阳能发电、核电等的装机容量和发电量得到很大提高。但由于新能源发电技术不成熟等原因，实际上单位新能源发电量投资远远大于单位火力发电量的投资。新能源装机容量占总装机容量的比例越高，说明电力的总投资越大。另外，单位装机容量发电量表示设备的单位发电能力，该值较小时，会增加设备的改造投资。

2 电网投资管理

2.1 国外电网投资管理实践

2.1.1 电网投资监管方面

2.1.1.1 美国

美国的电力产业大部分为私人所有，为了更大程度地发挥市场机制的作用，实现充分的市场竞争，美国电力改革的核心是放松管制，通过引入竞争，提高效率，降低电价。

1978 年，为促进发电市场自由化，美国通过立法允许企业建立电厂并向地方公用事业公司出售电力；1992 年，新的能源政策法案原则同意开放输电领域，但尚不允许个人消费者进入，并在电力批发市场引入竞争；1996 年，美国联邦能源管理委员会（Federal Energy Regulatory Commission，FERC）要求开放电力批发市场，明确厂网分离，规定电网调度应独立于发电及批发交易并鼓励成立独立输电系统运营机构（Independent System Operator，ISO）等；1999 年，FERC 颁布法令，要求每家拥有或运行管理跨州输电设施的电力公司成立或加入区域输电系统运营机构（Regional Transmission Organization，RTO），RTO 拥有输电系统的经营管理权，但没有所有权（FERC 鼓励 RTO 进一步发展成输电公司，独立经营和管理输电系统及资产）；2007 年，FERC 颁布法令进一步改革电力，开放上网管理框架，推进更有效、透明的输电网络运行管理。在一系列法令、政策框架下，美国各州根据电网实际情况，因地制宜制定和实施具体电力市场改革方案，形成了以州为主、模式不同的电力市场化改革模式。目前，美国已建立加州、新英格兰、大陆中部、约和德州等七大 RTO 或 1SO，除德州外的六个 RTO/ISO 由 FERC 管理。

FERC 主要管理电力批发市场和跨州事务；各州的电力公司一般由州政府机构监管，通常是公共服务委员会或公共事业委员会，它们的主要职责包括核发电力营业许可证、监管电力公司经营活动、审零售电价、审批新建电厂、输变电设施等。

FERC 的监管目标是为了确保电力行业符合公共政策的多重指标，包括成本效益（即长期成本最小化）、可靠性、公共健康及环境绩效等。常规规划及投资决策主要分为资源规划、项目审批、合同招标和履行三个阶段，每一步都有专门的州政府机构负责流程监管及审批决策。以加州为例，由加州公共事业委员会（California Public Utilities Commission，CPUC）、加州能源委员会（California Energy Commission，CEC）和加州独立输电系统运营机构（California Independent System Operator，CAISO）三方分工协作，共同负责基础设施规划和投资流程。其中，CPUC 负责监管州内私营电力公司、天然气公司、电信公司、自来水公司、铁路公司、城市轨道交通公司和客运公司；CEC 负责监管能源市场并确保良性竞争；CAISO 负责代表所有本地公共事业公司，运营和调度加州整个电力系统。

CAISO 的电网规划和投资决策流程如图 2-1 所示。资源规划阶段主要进行电力需求预测和评估、年度电网规划编制和确定规划边界条件；项目审批阶段，CAISO 按照前一阶段制定的规划研究计划方案和边界条件开展可靠性分析和经济性评价，形成区域输电规划方案，并对规划方案的环境影响进行分析，确保规划方案满足最新的环保政策要求，最后形成区域综合输电规划方案，在提交给利益相关者审查和讨论之后，提交 CAISO 董事会审批；第二阶段末董事会批准规划后，如果规划中存在董事会批准了的符合竞争性招标条件的项目或输变电设施，CAISO 会开始第三阶段，即合同招标和履行阶段。

CAISO 的投资决策过程是在项目审批阶段进行的，是电网规划过程的重要部分。在进行可靠性驱动输电研究和政策性驱动输电研究后，CAISO 开展经济规划研究，挖掘潜在的经济性驱动网架升级项目、解决输电阻塞项目等，并对规划方案进行经济性评估。

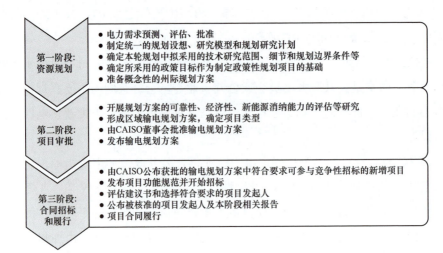

图 2-1　CAISO 的电网规划和投资决策流程

经济规划研究中，首先对可靠性和政策性进行分析，初步确定规划网架，开展全年 8760h 的生产成本模拟（Production Cost Simulation）和常规潮流计算，计算研究年度内的 8760h 的机组出力、节点边际电价、输电线路潮流、输电阻塞等信息。为了使生产成本最小化，模拟计算采用满足安全约束的经济调度模式。通过对规划项目的生产运行模拟结果进行对比研究，可计算得到规划网架的生产运行效益，包括用户所得净收益、发电商所得净收益、减少输电阻塞净收益三部分。

其次，进行其他效益的评估。其他效益主要指容量效益（Capacity Benefits），包括两部分：①系统整体容量效益，即当州外电力较州内电力的采购成本更低时，通过对部分受电通道进行加强，减少州内整体容量需求取得的效益；②本地容量效益，指通过对局部受电加强，减少某一负荷区域容量需求或增加当地供电来源。其他效益在适用且可量化的情况下，进行分析和计算。得到规划方案的全部经济效益后，计算规划项目的效益成本比（Benefit Cost Ratio，BCR），并开展财务上的成本效益分析。决策的基本依据是规划项目的 BCR 大于 1。在最终的投资计划中，这类项目被称为经济效益驱动项目。在CAISO 最终的投资计划中，电网项目共包括三类即经济效益驱动项目、可靠性驱动分析确定的可靠性驱动项目、政策驱动分析确定的政策驱动项目。CAISO

经济性分析流程如图 2-2 所示。

美国电网投资项目要经过非常繁琐而严格的环保审批和公众听证会。合理的经济效益和公众支持是规划落地的重要因素。一般由电网项目建设方向监管机构书面提出书面建设申请，内容包括项目建设的依据、必要性、可行性、建设规模、安全分析、经济分析、环境影响分析等内容。在项目审批过程中，监管机构将按照联邦和各州的相关规定，进行次数不等、周期不等的听证会，同时进行网上公开听证公示，充分征求社会各方的口头或书面意见，作为审批的重要依据。

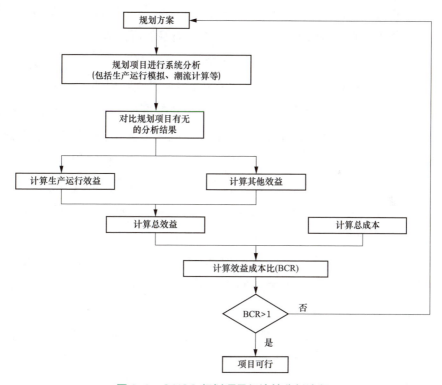

图 2-2 CAISO 规划项目经济性分析流程

2.1.1.2 英国

英国是较早开展电力市场化改革的国家之一。1988 年，在第一次改革中实现了电力公司的结构重组及股份制和私有化的改造，采用的是电力库（Power Pool）模式。在之后的历次改革中不断吸取经验教训，调整发展模式。2001 年建立双边交易为主的市场模式（NETA），并于 2005 年将该模式推广到苏格兰地区乃至全国。2011 年，为保障能源供应安全、促进低碳发展，英国对其市场模式和机制开始了新一轮的改革。在电力市场改革的过程中，英国对参与其市场竞争的能源企业，形成了典型的激励型能源网络监管模式（Revenue Using Incentives to Deliver Innovation and Outputs，RIIO），于 2010 年取代价格上限监管模式（RPI-X）开始实行，每轮管制周期为 8 年。

RIIO 模式中使用激励机制设置收入以提高创新和产出，简单来说就是"收入（Revenue）＝激励（Incentives）＋创新（Innovation）＋产出（Outputs）"。RIIO 模式要求天然气、电力网络运营企业（包括输气、输电、配气和配电四个板块）在维持安全性、可靠性和经济性的同时，降低碳排量，为现在和未来的消费者提供更物有所值的服务，并实现社会和自身的可持续发展。

在 RIIO 模式下，英国能源监管机构——英国天然气与电力市场办公室（Office of Gas and Electricity Market，OFGEM）在监管周期前根据准许成本和合理收益等对电网企业的准许收入、输配电价等进行核定，设置产出激励、效率激励以及不确定机制，在监管周期内给予电网企业调整投资和输配电价的机会。该模式与中国现行的新一轮输配电价改革中的监管模式相似之处是，都通过改变电网企业的盈利模式、限制收入等方式对电网企业的投资进行约束，促使电网企业在进行投资决策时更加谨慎，防止企业过度投资。不同之处是，RIIO 模式从单纯的价格控制或者收益率控制扩展，将企业的产出绩效作为重要的监管内容，以产出激励促使企业进行合理、必要的投资，以效率绩效激励企业提高投资效率，以不确定调整机制给予企业在监管期中对部分具有不确定性的投资进行调整的机会。

RIIO 模式下，电网投资受到政府监管，电网公司需要根据投资需求和监管期产出指标，制订完善的商业计划，并由监管部门核准后才能确定最终的投资规模。下面以输电网公司为例介绍英国的投资监管模式。

英国的主要输电网公司（Transmission Owner，TO）有 3 家：①国家电网输电公司（National Grid Electricity Transmission，NGET），拥有英格兰和威尔士高压输电网；②苏格兰电力输电公司（Scottish Power Transmission，SPT），拥有苏格兰南部高压输电网；③苏格兰水电输电公司（Scottish Hydro Electric Transmission，SHET），拥有苏格兰北部和苏格兰群岛的高压输电网。

在开展电网项目投资决策前，输电网运营商首先需要就初步的投资计划与各利益相关方（包括 OFGEM、股东等利益相关者）进行充分的交流，确定投资需求、产出指标、核价参数以及其他用于完善投资计划的必要信息。

然后，电网企业根据既定产出指标，对下一监管周期内的投资计划进行修改和完善，并经过再次与利益相关方的讨论和交流后，将计划提交监管部门。对于输电公司来说，主要的产出指标包括安全性、可靠性、可用性、用户满意度、环境指标、接入工程和扩容工程七大类。第一轮监管周期内输电网企业的产出指标和激励措施如表 2-1 所示。

表 2-1　　　　　　　　　　输电网公司主要产出指标和激励措施

主要产出指标类别	产出指标	激励措施
安全性	（1）遵守英国健康与安全执行局（Health and Safety Executive，HSE）规定的安全义务； （2）满足资产健康、状态和重要程度等辅助性指标的评估和监管目标，可影响下一监管周期的资金	（1）达到 HSE 相关法规的要求，无财务激励； （2）对超过 / 低于电网设备替代产出目标价值的 2.5% 进行罚款 / 奖励
可靠性	满足缺供电量（Energy Not Supplied，ENS）指标目标值的要求，最大限度减少由输电网故障导致的用户用电损失。 例如，2017~2018 年 ENS 目标为：NGET 少于 31.6 万 kWh；SPT 少于 22.5 万 kWh；SHET 少于 12.0 万 kWh	（1）基于估计的电力失负荷价值（Value of Lost Load，VOL），奖励费率为 16 万英镑 / 万 kWh，并根据通胀调整； （2）财务处罚的最高限制为准许收入的 3%
可用性	制定和实施网络访问策略（Network Access Policy，NAP）。NAP 制定的目标是为了加强电网企业和电网调度运行机构的交流和协调，包括长期和短期两个框架。 长期框架确保在监管期内更好地规划计划停电，保证新用户接入时间；短期框架考虑当年的计划停电安排，以及遇到故障或其他影响系统安全、可靠性的实时事件时应采取的措施等	声誉激励，没有直接的财务激励

续表

主要产出指标类别	产出目标	激励措施
用户满意度	开展客户满意度调查（仅 NGET），开展利益相关方满意度调查（所有输电网公司）。 例如，2017~2018 年目标为：NGET 客户满意度 6.9/10；NGET、SPT 和 SHET 利益相关方满意度 7.4/10	最高至准许收入的 ±1%
	取得有效的利益相关方参与	通过利益相关方参与的酌情性奖励计划，最高可获得准许收入的 0.5% 的奖励
环境指标	减少六氟化硫（SF$_6$）排放，每年根据网内使用 SF$_6$ 的设备情况计算基准目标。 例如，2017~2018 年的排放限制目标为： NGET：12449.9t 二氧化碳当量 SPT：782.1t 二氧化碳当量 SHET：340.2t 二氧化碳当量	根据碳当量排放量的非交易碳价获得奖励或惩罚
	减少线损：监管期内每年发布治理声誉激励线损的策略和年度进展	声誉激励
	减少商业碳足迹（Business Carbon Footprint，BCF）：监管期内每年发布年度 BCF 值，折算成吨二氧化碳当量	声誉激励
	环保酌情奖励计划（Environmental Discretionary Reward Scheme，EDR）	在计划中取得领先绩效的输电公司可获得财务奖励，最高可获得 400 万英镑的年度奖励资金加上一年的结余的奖励资金
	减少输变电设施的视觉影响：在有效满足新设施规划要求的基础上，减少制定区域内现有设施的视觉影响	声誉奖励： （1）为因采取减少视觉影响技术而增加额外成本的新建输变电设施提供基线和不确定机制的资金； （2）减少制定区域内现有输变电设施的视觉影响的初始支出上限为 5 亿英镑

续表

主要产出指标类别	产出目标	激励措施
接入工程	满足新电源或新用户接入有关的时限要求	对 NGET 没有激励措施，对 SPT 和 SHET 有激励措施
扩容工程（新增投资）	完成被批准的基础扩容工程和战略性扩容工程建设，满足建设时限的要求，增加电网输电能力	根据情况提供部分资金

接着，监管机构将电网投资分为负荷相关投资（Load-related Capex）、负荷不相关投资（Non Load-related Capex）两大类分别进行审核，以核定最终的投资规模，同时考虑预测中的不确定因素，如电力需求变化的不确定性等，在监管中期对核定的投资进行调整。负荷相关投资指为满足新电源和新用户的接入、满足负荷增长而进行的电网投资；负荷不相关投资指现有设备更换投资和增加电网弹性、安全性有关的电网投资。

具体到电网公司内部的投资决策流程，以英国 NGET 为例进行介绍。NGET 通过信息化系统对输变电资产基础数据（包括基础信息、运行维护信息等）进行采集、存储和传递，同时统一资产数据与财务数据，将计划管理、项目管理和数据管理进行有机整合，最终实现资产的全寿命周期管理。NGET 的投资计划管理包括投资管理、发展计划、预算管理等内容，借助决策支持工具软件对不同类型的资产投资项目进行优选排序，确保列入投资计划的项目既符合监管要求又可为企业带来效益。

NGET 投资计划管理流程如图 2-3 所示。首先，分析确定投资战略，明确当前的投资计划、业务及调整战略、供需预测、规划限制因素等，提供未来业务计划框架。其次，通过信息化的项目与资产管理手段和决策支持软件工具掌握中长期计划中的工作量、投资总额、人力需求等要素，进行投资优先顺序排列，实现综合优化，确定年度投资计划。计划编制信息系统不仅包括由于负荷增长需建设的基建项目信息，还包括部分已确定的用户项目信息。计划编制信息系统主要功能包括将检修、更换、用户接入等因素综合在一起通盘考虑资源配置，根据资产更换原则列出所有候选替换资产，对不同的回路和站点的设备更换、整合或创建工作包，调整中长期计划、确保项目的整合符合资产技术政策要求。

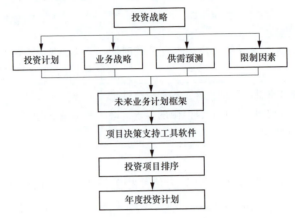

图 2-3　NGET 投资计划管理流程

目前，OFGEM 已启动 RIIO-2 监管方案，对监管模式进行了进一步的优化。RIIO-2 框架明确了四个方面的目标：① 促进复苏，实现碳排净零增长，网络价格监管将在塑造低碳能源体系方面发挥前所未有的作用，使"网络价格监管制度更具适应性，以最低成本实现最有效的过渡"；② 在尽可能降低消费者成本的同时促进投资，不仅通过价格监管满足构建绿色能源系统的需要，还为消费者和网络企业带来更公平的结果；③ 保持世界一流的服务水平和可靠性，随着能源系统不断变化，英国需要投资来维持世界一流网络服务标准，准许约 120 亿英镑用于必要的维修、维护与升级工作；④ 确保没有人掉队，价格监管还将逐步增加对弱势消费者的资助，提供约 1.32 亿英镑的资助。

2.1.1.3　法国

法国电力公司（Electricite De France，EDF）成立于 1946 年，其主营业务涵盖电力工业的方方面面，是负责全国发、输、配电业务的国有企业。目前，法国电力公司的输配电业务分别由其子公司法国输电网公司和法国配电网公司经营。

法国电网是世界范围内发展较为成熟的电力系统之一，其管理与运作体制与中国有一定的相似之处。法国通过实施《电力公共服务事业发展和改革的法律》（简称《新电力法》），在实施电力市场化改革的同时，继续坚持了电力行业的公益性，保持 EDF 的国有企业性质，使得 EDF 不仅是发、输、配电服务的提供者，还作为公用事业承担社会责任；同时在政府和行业层面设立电力监管委员会（即后来的法国能源监管委员会），对电力行业进行监管。在电网规划、投资决策等方面，法国采取了一些不同于中国的措施，对中国电网的发展提供了有益的参考。

法国电网规划遵循"远近结合"的思路，采用确定性和概率性相结合的规划方法，在确定目标网架能够满足监管部门对电网可靠性的要求后，评估不同方案投资费用，考虑财务期内的投资成本、运行成本、输电阻塞费用、损耗等因素以及通货膨胀的影响，以总成本最低为目标进行方案比选。

在投资决策阶段，以投资回报率（Ratio Benefit Cost，RBC）和单位投资回报（Profit for each Euro Invested，PEI）两个指标作为依据。RBC 是指投资回报与投资的比值，决策依据是 RBC 大于 5.5%，即当投资后第一年的 RBC 大于 5.5% 时，投资被认为在当年是可行的。单位投资回报则是指运营期内的单位投资回报，公式为

$$V_{PEI} = \left[\sum_{j=1}^{10} \frac{F(j)}{(1+i)^j} - I \right] / I$$

式中　i——折现率；

I——总投资；

$F(j)$——第 j 年的收益，运营期按 10 年考虑。

单位投资回报的最终决策依据为大于 0，则可行。

在满足经济效果的前提下，法国电网在进行进一步决策时还考虑采用下列标准：

（1）是否与公司的发展战略一致。

（2）是否能够为集团创造价值。判断标准有：税前项目收益净现值（Net Present Value，NPV）大于 0；项目 NPV/ 投资大于 10%。

（3）是否能为股东创造价值。判断标准有：股东 NPV（税后）大于 0；股东 NPV/ 权益资本大于 10%。

（4）是否对集团业绩提高有所贡献。判断标准有：从第二年开始，净利润大于 0；从第三年开始，净利润收入大于 7%。

（5）NPV 下降风险的大小。通过敏感分析，评估项目的回报风险。通常

需要考虑的风险包括税务风险、政治风险等。

随着公众对环境的重视程度不断加深，法国电网建设遵循的环保标准也逐渐提高，包括鸟类保护、生物多样性、自然保护区、SF₆泄漏等多个方面，提高了项目的环保费用。同时，法国电网建设项目在落地前不仅要取得政府批文，还需要与各个社会团体和居民就项目建设进行沟通以取得共识，使项目核准周期长。以上因素都对电网建设成本性支出影响巨大，成为投资决策中的重要考虑因素。由于法国电网建设项目核准难度大、审核时间长，因此设备设计的寿命周期较长，架空线路寿命设定为 60 年，变电站寿命设定为 45 年。

总体来看，EDF 进行电网项目投资决策时更加注重项目的财务分析和环保论证，基于财务指标硬约束的电网项目投资方案选择是法国电网投资决策的特色。相比之下，当前发展阶段中国电网项目方案选择和投资决策时，更加关注项目建设的必要性和技术可行性。

2.1.1.4 德国

德国电力系统目前由 10 个互联地区电网构成，各地区电网由私人所有、半公共所有或是全公共所有的运营商分别运行管理。1996 年，欧盟以加强竞争和降低电价为主要目标，发布了关于开放电力市场的要求。1998 年德国颁布《能源产业法》，开始进行电力市场改革，规定了电网向第三方开放接入的各项事务，如电网接入谈判、第三方接入的义务、发输配电财务的独立核算、联网与供电义务等；2005 年进一步进行调度与电网的拆分，形成输电系统运营公司（Transmission System Operator，TSO），建立联邦和州各级监管机构，并提出在 2007 年 7 月向所有用户开放市场的目标。2009 年 1 月 1 日，德国引入激励监管政策，第一个激励监管周期为 5 年。之后，德国持续进行电力市场改革，目前形成了输配电网垄断经营、发电侧与售电侧自由竞争的格局，发、输、配从法律上独立，但大型电力公司通过其子公司（分公司），仍然覆盖了各环节的多数业务。

德国的电力批发市场实行完全市场竞争。电力零售市场中，消费者可以选择和本地电力运营商（主要为配电系统运营商，Distribution System Operator，DSO）或者电力零售商（Retailer）签订合同。联邦网监局（Bundesnetzagentur，BNetzA）作为德国电力市场的监管机构（也监管天然气、通信、铁路、邮政领域），负责接入电网和制定输电网过网费。

意昂集团、莱茵能源公司、巴登—符腾堡州能源公司和大瀑布公司四家大型跨区能源集团仍然主导着德国能源市场，涉及发电、配电和电力零售等环节；输电网方面则由四家 TSO 垄断经营（自然垄断），它们大多来自四大能源集团的输电运营部，负责运营和维护超高压电网、新建输电网络，同时肩负着维持整个德国电网的电压和频率稳定的责任，各输电网公司所辖电网通过 380/20kV 交流同步电网联接。下面主要介绍德国输电网公司的规划和投资决策流程。

德国输电网公司投资决策流程大致可以分为电网规划前期、项目审批和项目投资执行三个阶段，电网投资的决策过程发生在前两个阶段中，参与主体包括输电网公司、监管机构和公众参与方。

规划前期是明确需求的阶段，即明确项目必要性以及前期规划的工程范围等，主要分为方案设想、电网规划与环境报告、联邦需求计划三个部分。详细的相关参与方、工作内容和目标、输入条件、输出成果如图 2-4 所示。

图 2-4 德国输电网规划前期阶段流程图

方案设想主要由四个输电网公司形成联合工作组，共同商定一个情景框架，综合考虑经济社会发展，能源生产、消耗、存储、能耗、新能源以及世界能源的变化等多种因素，形成方案设想报告。方案设想报告获得批准后，在其基础上，联合工作组经过电力市场分析、电网需求研究和电网建设计划研究三个阶段，完成电网规划报告和电源规划报告。监管机构负责评审、公示和批准方案设想报告以及后续电网和电源规划报告，期间普通民众和配电网运营商全程参与，有多轮提出意见的机会。

由监管部门审批后的电网规划和电源规划报告以及环境评估报告再次经过公论与修改后，形成最终批准的电网规划和电源规划报告。报告中明确电网需要新建或扩建项目的优先顺序，并且明确将新建或扩建的跨州和跨国联络线按照规定，监管部门每三年向联邦政府提供电网规划、电源规划报告、环境评估报告作为联邦需求计划的初稿。联邦政府相关部门根据此初稿制定法律草案，并由内阁批准，启动国会的立法程序，一旦立法通过将在联邦需求计划中明确后续的输电网建设方案。

公众参与是德国电网规划和投资决策的前提条件，公众意见在决策过程中至关重要。同时，规划和投资决策首先以成本—效益分析方法优先考虑电网优化方案，其次考虑现有网络加强方案，最后再考虑新建电网方案。德国电网投资决策主要通过一系列技术和经济指标进行，包括技术、成本、社会和环境、供电安全性和社会经济影响等，具体如表 2-2 所示。

表 2-2　　　　　　　　电网规划过程中进行项目选择的技术经济指标

一级指标	二级指标
技术方面（灵活性和安全裕度）	系统安全裕度 [潮流（检修方式下 $N-1$）、系统稳定计算、电压稳定分析]
成本	系统灵活性（远期敏感性分析、工程工期推退 / 取消、是否改善电力交换）
	材料和安装费
	新建工程导致的临时性措施产生的费用
	环境保护费
	设备更换费
	设备拆卸费（寿命到期）
	保养费
	设备残值等
社会和环境	新建工程通过社会敏感区域（学校、世界遗产等）的距离

续表

一级指标	二级指标
社会和环境	新建工程通过环境敏感区域（国家公园、动物保护区等）的距离
供电安全性（供电量不足期望值）	有无新建工程，期望缺供电量
社会经济影响	有无新建工程，在工程所在区域内年输电成本
可持续性	新能源装机容量增长量或新能源发电量增长量
	二氧化碳排放量
	新建工程对年网损电量的影响

项目批准阶段主要进行项目审批工作，分为联邦地区规划（RPP）和规划批准（PAP）两个阶段，主要决策流程如图 2-5 所示。这一阶段中，电网投资决策的职能和工作主要集中在联邦地区政府层面。

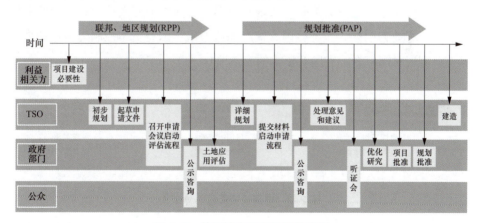

图 2-5 德国输电网项目审批流程

联邦地区规划阶段（一般不超过 6 个月），输电网公司会从获批的规划报告中选取具体的新建或扩建项目向联邦 / 地区政府提交项目申请，申请材料包括可行性研究（可行方案）、项目预算、项目环评、土地使用等，其中提交的项目可行方案包括数种，如不同的站址、线路路径等。联邦地区政府将基于相关法律、基础设施建设规划、土地使用限制、环境保护等因素，召开听证会，收集相关利益方的意见，进行综合评估，初步选择最优的线路路径电站站址等，明确初步土地使用范围。经过相关各方的讨论后进行方案设计更新，最终经过公开听证会做出批准决定。

项目投资执行阶段主要由咨询公司、设计院、设备供应商和建造商参与，完成电网规划项目中线路和变电站的设计、建设、监管和评估工作。其中，评估工作包括项目实施过程的评价、项目运行后效果和效益的评价等，同时还会对员工满意度及环境影响、社会效益等多个因素进行评价，并形成最终评估报告。

2.1.2　我国电网投资管理要求

随着电力体制改革不断推进，以及"放管服"改革不断深化，我国逐渐形成了行业监管、价格监管、国资监管三位一体的电网投资管理体系，其总体架构如图 2-6 所示。行业监管以电网规划为引领，以电网项目审批、电网投资评价为抓手，履行电网投资管理主体责任；价格监管以提升电网投资效率效益为引领，以输配电价监管为抓手，实现对电网合理投资的有效疏导；国资监管以聚焦主责主业为引领，以考核国有资产保值增值、国有资本控制力和带动力为抓手，实现对国有企业和国有资本的有效监督。

图 2-6　电网投资管理总体架构

电网是关系国计民生和国家能源安全的重要基础设施，电网投资是落实国家能源战略和电力发展规划的重要手段。长期以来，电网企业通过年度投资计划落实电网规划，按要求履行项目审批管理，做好项目实施全过程管控，通过电价机制获取合理投资收益。但在新的发展形势下，电网规划、合规性管控、电价疏导等投资管理各环节尚未有效闭环，对管理提出适应性问题。

2020 年 5 月 28 日，针对电网规划和投资审核范围不全面、电网规划投资核价联动机制匮乏等实际问题，国家发展和改革委员会、国家能源局联合印发《关于加强和规范电网规划投资管理工作的通知》（发改能源规〔2020〕816号）（简称816号文），推动实现电力规划全面覆盖和电网项目全面审核，建立了电网规划投资管理的新体系、新模式、新机制。电网规划—投资—电价关联关系示意图如图2-7所示。

图2-7　电网规划—投资—电价关联关系示意图

同时，816号文件从深化规划技术经济论证、加强事中事后评估、完善投资成效评价等方面，对规划方案的论证、规划执行成效提升等方面提出了更高要求。

一是电网规划应充分征求价格主管部门意见，考虑不同电压等级、不同类型用户的电价承载能力，评估规划实施后对输配电价的影响，合理论证投资规模，强化规划对输配电网投资的约束作用。

二是国家能源局和省级能源主管部门要加强对电网规划实施情况的监督，做好规划的中期评估和总结评估，评估结果作为规划滚动调整和下一阶段编制的重要参考。

三是建立科学合理的投资成效评价标准，对非政策性因素造成的未投入实际使用、未达到规划目标、擅自提高建设标准的输配电资产，不得计入输配电定价成本。

2.2　电网规划管理要求

2.2.1　《电力规划管理办法》要求

目前我国开展电网规划工作的主要政策依据有《中华人民共和国电力法》（2018年修订版）、《电力规划管理办法》（国能电力〔2016〕139号）等文件。

《中华人民共和国电力法》第十条、十四条规定，电力发展规划应当根据国民经济和社会发展的需要制定，并纳入国民经济和社会发展；电力建设项目应当符合电力发展规划，符合国家电力产业政策。《电力规划管理办法》对电力规划工作进行了具体规定，电网规划作为电力规划的重要组成部分，适用相关规定。

规划周期方面，采用5年期规划，与国民经济和社会发展规划同步。

规划管理方面，我国电网规划采取两级管理方式。国家能源局负责编制全国电网规划，经国家发展和改革委员会（简称发改委）审定后由国家能源局公开发布（保密内容除外）；省级电网规划由省级能源主管部门负责编制，报国家能源局衔接并达成一致后，由省级人民政府批准并公开发布（保密内容除外）。

规划内容方面，全国电网规划内容包括5年规划期内跨省跨区电网项目和各省内500kV及以上电网项目建设安排（含投产和开工）；省级电网规划内容包括5年规划期内110kV（66kV）及以上电网项目建设安排（含投产和开工）和35kV及以下电网建设规模。

规划组织方面，国家能源局和省级能源主管部门一般提前2年启动电网规划编制工作。电网规划编制的基础是电网规划建议、电网规划专题研究和电网规划综合研究。电网规划建议主要是电网企业立足自身主营业务研究提出的规划建议，电网规划专题研究和综合研究则由国家能源局和省级能源主管部门委托电力规划研究机构、电网企业承担。电网企业负责提供规划基础数据，积极承担电网规划的研究课题，提出规划建议。

规划实施方面，纳入规划或符合规划布局的项目，业主单位可依据审定的规划向国土、城建、环保、水利等部门申请支持性文件；需要核准的电网项目，报请相应主管部门按程序核准。未纳入规划或不符合规划布局的电网项目不予核准。未经核准的电网项目，不得进入电力市场交易，不得纳入电网准许成本并核定输配电价。

规划调整方面，规划发布2~3年后，国家能源局和省级能源主管部门可根据经济发展情况和规划实施情况对五年规划进行滚动调整。如遇重大变化，或应电力企业申请，也可由规划编制部门按程序对具体项目进行调整。

规划评估方面，规划实施 2 年后，国家能源局应委托中介机构开展全国电网规划中期评估咨询，省级能源主管部门应委托中介机构开展省级电力规划中期评估咨询，分别形成《电网规划实施中期评估报告》；5 年规划结束后，形成《电网规划实施评估报告》。

2.2.2 "816 号文" 要求

文件提出，电网规划应实现对输配电服务所需各类电网项目的合理覆盖，包括电网基建项目和技术改造项目，两类项目均包含输变电工程项目（跨省跨区输电通道、区域和省级主网架、配电网等）、电网安全与服务项目（通信、数字化 / 信息化、智能化、客户服务等）、电网生产辅助设施项目（运营场所、生产工器具等）。新规划体系简明清晰、覆盖全面，将电网企业与输配电服务相关的各类投资全面归集到电网基建、技改两大专项中。同时，新体系具有一定的普适性，不仅适用于国家电网公司，还适用于南方电网以及地方电网的增量配电网等企业。我国电网规划体系图如图 2-8 所示。

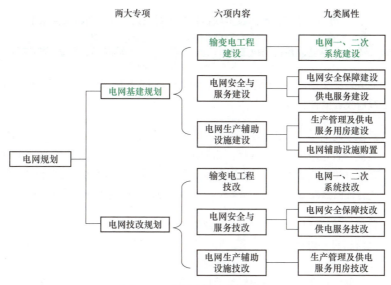

图 2-8 我国电网规划体系图

注 绿色部分为 "816 号文" 下发之前，电网规划涵盖内容。

2.3 电网投资审核要求

目前，国家对企业开展的投资活动主要采取核准和备案两种方式进行分类管理。根据《企业投资项目核准和备案管理条例》（中华人民共和国国务院令第 673 号）、《企业投资项目核准和备案管理办法》（中华人民共和国国家发展和改革委员会令第 2 号），对关系国家安全、涉及全国重大生产力布局、战略性资源开发或重大公共利益的项目，实行核准管理，其他项目则实行备案管理。

816 号文提出，纳入规划的电网项目应根据《政府投资条例》（国务院令第 712 号）、《企业投资项目核准和备案管理条例》等规定履行相应程序。

2.3.1 核准管理方式

国务院先后于 2004 年、2013 年、2014 年和 2016 年发布《政府核准的投资项目目录》，其中，对电网工程的管理要求见表 2-3。

表 2-3　　　　历年《政府核准的投资项目目录》对电网工程项目核准要求汇总表

年份	跨境、跨省输电工程	非跨境、跨省输电工程
2004	330kV 及以上电压等级的电网工程由国务院投资主管部门核准，其余项目由地方政府投资主管部门核准	
2013	跨境、跨省（区、市）±400kV 及以上直流项目，跨境、跨省（区、市）500、750、1000kV 交流项目，由国务院投资主管部门核准	非跨境、跨省（区、市）±400kV 及以上直流项目，以及 750、1000kV 交流项目，由国务院行业管理部门核准。其余项目由地方政府核准
2014	跨境、跨省（区、市）±500kV 及以上直流项目，跨境、跨省（区、市）500、750、1000kV 交流项目，由国务院投资主管部门核准，其中 ±800kV 及以上直流项目和 1000kV 交流项目报国务院备案	±800kV 及以上直流项目和 1000kV 交流项目应按照国家制定的规划核准，其余项目由地方政府核准

续表

年份	跨境、跨省输电工程	非跨境、跨省输电工程
2016	涉及跨境、跨省（区、市）输电的±500kV及以上直流项目，涉及跨境、跨省（区、市）输电的500、750、1000kV交流项目，由国务院投资主管部门核准，其中±800kV及以上直流项目和1000kV交流项目需报国务院备案	不涉及跨境、跨省（区、市）输电的±500kV及以上直流项目和500、750、1000kV交流项目由省级政府按照国家制定的相关规划核准。其余项目由地方政府按照国家制定的相关规划核准

由表2-1可见，国家对电网工程项目核准存在管理方式逐渐细化、核准权限逐渐下放的趋势。针对最新发布的《政府核准的投资项目目录（2016年版）》（国发〔2016〕72号）（简称72号文），各省陆续下发省级《政府核准的投资项目目录》，在72号文框架下，进一步明确了330kV及以下电网工程项目的核准机关及权限。特殊地，使用政府预算资金的电网工程项目（如中央预算投资农网改造项目），采用审批方式管理，由各地发展改革委投资管理部门对项目可研报告予以审核批复。

项目核准所需材料主要包括项目申请报告、选址意见书（涉及土地划拨方式）、用地预审意见及法律法规规定的其他材料。

2.3.2 备案管理方式

备案机关及权限方面，根据《企业投资项目核准和备案管理办法》，各省分别出台了省级《企业投资项目核准和备案管理办法》，明确本省《政府核准的投资项目目录》以外的项目实行备案管理，并对备案机关及权限进行了具体规定。其中绝大多数省份规定备案机关为项目所在地的区县投资主管部门，跨行政区域的项目通常由项目所在地共同的上级政府投资主管部门备案。特别地，《湖南省企业投资项目核准和备案管理办法》（湘政办发〔2017〕42号）规定，中央在湘企业、省属国有企业投资项目由省发改委负责备案，市州直属管理企业及其控股企业投资项目由市州发改部门备案，其他项目由区县发改部门备案。特高压项目需核准的同时向国务院备案。

项目备案所需材料方面，项目单位在开工建设前通过在线平台将相关信息告知项目备案机关，备案信息包括项目单位基本情况、项目名称、建设地点、建设内容、总投资等。

2.3.3 承诺制管理方式

2016 年 7 月，《中共中央 国务院关于深化投融资体制改革的意见》（中发〔2016〕18 号）指出，"投资管理工作重心逐步从事前审批转向过程服务和事中事后监管""在一定领域、区域内先行试点企业投资项目承诺制，探索创新以政策性条件引导、企业信用承诺、监管有效约束为核心的管理模式"等。

2021 年 12 月，国家发展改革委《关于进一步推进投资项目审批制度改革的若干意见》进一步提出，以优化投资环境为目标，规范有序实施以"告知承诺 + 事中事后监管"为核心的企业投资项目承诺制改革，分行业分领域研究提出企业投资项目实施所涉及的审批事项承诺内容和标准。

2022 年 3 月，深圳市发改委印发《深圳市发展和改革委员会关于开展企业投资项目（电网工程项目）核准告知承诺制改革试点工作的通知》，对 220kV 及以下电网工程企业投资项目试点核准告知承诺制。

承诺制申请流程共 4 个步骤：

（1）申请。申请企业可登录"广东政务服务网"，选择告知承诺制形式，按要求提交《告知承诺书》及相关申请材料，全程通过网上办理。

（2）受理。核准机关对申请企业网上申请事项和申请材料审查确认，材料齐全且符合法定形式的予以受理。

（3）决定和送达。正式受理后，核准机关 1 个工作日内作出准予许可决定，并颁发深圳市社会投资项目核准证。

（4）公示。核准机关对于作出的许可决定及申请企业承诺内容在 7 个工作日内进行网上公示，接受社会各界监督。申请办理企业投资项目核准的电网工程需纳入省或市级能源专项规划。电网企业可自愿选择是否采用告知承诺制，申请企业不愿选择或者不适用告知承诺制的，按正常流程申请许可。对所有以告知承诺制形式取证的申请项目，在项目开工后必须开展现场检查。

试点自 2022 年 4 月 1 日起实施，试行 1 年。

告知承诺制下，电网企业项目核准由事前监管转为事中、事后监管，增加了监管方现场检查环节，需要更多监管资源投入。考虑到目前电网投资项目核准与备案做法成熟，核准告知承诺制也还处于试点阶段，未来是否扩大该机制应用范围还有待进一步评估试点成效后研究论证。

2.4　电网投资通过电价疏导

2.4.1　总体情况

随着电力体制改革深入推进，电网企业盈利模式由"购销差价"转变为"准许成本加合理收益"方式。近年来，我国能源及价格主管部门逐步完善输配电价监管政策体系，先后制定了覆盖跨省跨区专项工程、区域电网、省级电网、增量配电网等各级电网的输（配）电价定价办法或指导意见。各级电网的成本监审均依据《输配电定价成本监审办法》（发改价格规〔2019〕897号）开展，文件明确"可计提折旧的输配电固定资产指政府核定的经履行必要审批手续建设的符合规划的输配电线路、变电设备、配电设备以及其他与输配电业务相关的资产"。

2.4.2　输配电价监管体系

（1）跨省跨区专项工程。根据《跨省跨区专项工程输电价格定价办法（试行）》（发改价格规〔2017〕2269号），新投产跨省跨区专项工程输电价格按经营期电价法核定，投资和设计利用小时按政府主管部门批复的项目核准文件确定。价格形式方面，以联网功能为主的专项工程按单一容量电价核定，以输电功能为主的专项工程按单一电量电价核定。跨省跨区专项工程主要包括±500kV及以上直流输电工程、点对网的跨省跨区电源送出工程等。

（2）区域电网。根据《区域电网输电价格定价办法》（发改价格规〔2020〕100号），区域电网输电准许收入按照"准许成本加合理收益"方式核定，"符合电力规划并履行按权限核准等程序的新增区域电网共用网络投资，纳入可计

提收益的有效资产范围"。区域电网准许收入通过容量电费和电量电费两种方式回收。容量电费与电量电费比例计算公式为

容量电费/电量电费＝（折旧费＋人工费）/运行维护费（不含人工费）

电量电费随区域电网实际交易结算电量收取，由购电方支付。容量电费按照受益付费原则，向区域内各省级电网公司收取。

（3）省级电网。根据《省级电网输配电价定价办法》（发改价格规〔2020〕101号），省级电网输配电准许收入按照"准许成本加合理收益"方式核定。其中，"应由有权限的政府主管部门审批或认定而未经批准或认定投资建设的固定资产，或允许企业自主安排，但不符合电力规划、未履行必要核准、备案程序投资建设的固定资产，不得纳入可计提收益的固定资产范围"。2020年，各省级电网企业均已完成新一轮输配电价核定（西藏电网不参与输配电价核定）。

（4）增量配电网。根据《关于制定地方电网和增量配电网配电价格的指导意见》（发改价格规〔2017〕2269号），配电网区域内电力用户的用电价格，由上网电价或市场交易电价、上一级电网输配电价、配电网配电价格、政府性基金及附加组成。用户承担的配电网配电价格与上一级电网输配电价之和不得高于其直接接入相同电压等级对应的现行省级电网输配电价。增量配电企业需要向能源主管部门上报配电网规划投资及投资计划，并按照《省级电网输配电价定价办法》履行合规性管理程序。

2.4.3 省级电网输配电价核定原理

省级输配电价核定包括成本监审和定价两个环节。成本监审阶段主要是对基期（监审时点前三年）的资产和成本进行核定；输配电价定价阶段主要是对监管期（定价时点后三年）的新增投资形成资产及成本、准许收益等进行核定。

（1）成本监审阶段。电网投资形成的基期资产成本根据《输配电定价成本监审办法》（发改价格规〔2019〕897号）确定。成本监审通过账表、政策、业务与标准四个方面审核，先后对电网企业上报成本的一致性、合法性、相关性、合理性进行确认，提出调整并形成最终核定数。输配电成本监审流程示意图如图2-9所示。

图 2-9　输配电成本监审流程示意图

（2）输配电价定价阶段。根据《输配电定价成本监审办法》（发改价格规〔2019〕897号）、《省级电网输配电价定价办法》（发改价格规〔2020〕101号），输配电价定价原理如图 2-10 所示。

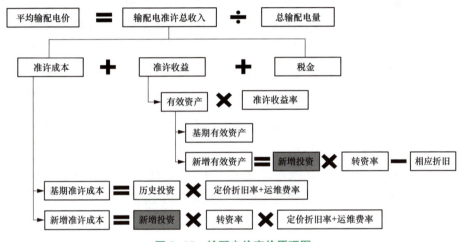

图 2-10　输配电价定价原理图

准许成本包括折旧费和运行维护费。可计提折旧的输配电固定资产指政府核定的、经履行必要审批手续建设的、符合规划的输配电线路和变电配电设备及其他与输配电业务相关的资产，不包括从电网企业分离出来的辅助性业务单位、多种经营企业及"三产"资产等。运行维护费是电网企业维持电网正常运行的费用，包括材料费、修理费、人工费和其他运营费用。按时间划分，准许成本分为基期准许成本和监管期新增准许成本，前者由成本监审环节确定，后者与监管期新增输配电固定资产原值密切相关。

可计提收益的有效资产指电网企业投资形成的输配电线路、变电配电设备及其他与输配电业务相关的资产，包括固定资产净值、无形资产净值和营运资本。按时间划分，有效资产分为基期有效资产和监管期新增有效资产。基期有

效资产由成本监审环节确定，其中应由有权限的政府主管部门审批或认定而未
经批准或认定投资建设的固定资产，或允许企业自主安排，但不符合电力规划、
未履行必要核准、备案程序投资建设的固定资产，以及用户或地方政府无偿移
交，由政府补助或者社会无偿投入等非电网企业投资形成的输配电资产，不
得纳入可计提收益的固定资产范围。监管期新增有效资产根据规划新增输配电
固定资产投资额乘以新增投资计入固定资产比率并扣减监管周期相应折旧费核
定。其中，预计新增输配电固定资产基于提高投资效率的要求，按照不高于历
史单位电量固定资产的原则核定（国家政策性重大投资除外），低于历史单位
电量固定资产的，按预计数核定。准许收益率计算公式如下

准许收益率＝权益资本收益率×（1－资产负债率）＋债务资本收益率×
资产负债率

其中，权益资本收益率原则上按不超过同期国资委对电网企业经营业绩考
核确定的资产回报率设定，并参考上一监管周期省级电网企业实际平均净资产
收益率核定。在总体收益率控制的前提下，考虑东西部差异，对涉及互助帮扶
的省级电网企业收益率可做适当调整。

省级电网共用网络输配电量，有权限的省级政府主管部门参考历史电量增
长情况，根据电力投资增长和电力需求预测情况等因素核定。

2.5　电网投资界面

2.5.1　国外电网投资界面

国际上大部分国家均对电力用户收取接入费，或明确接入工程由用户自行
建设：一是体现公平分摊成本原则，二是为促进用户合理利用配电网资源。英
国、法国、德国、意大利、西班牙以及美国、澳大利亚、加拿大的部分地区均
对用户收取配电连接费，以下分别对美国、英国、法国、日本的情况进行介绍。

（1）美国。

1）投资主体：美国加州规定用户接入电网时，标准范围（规定线路长度）

内的部分不收接入费，标准以外收费。美国新泽西州公共服务电气公司对标准范围以外的连接成本，用户可选择一次性支付或分月支付，其中一次性支付方式下，在 10 年内可获得后续共享线路用户的资金返还。

2）建设、运维职责划分：建设标准依照美国的国家、行业标准执行。从安全角度上看，用户配套供电工程仍然属于高压输变电设备，其运维、巡视、试验及检修仍需专业人员队伍来完成。因此，其运维工作一般是由投资主体委托当地有一定专业运维检修资质的电力公司来完成，并支付一定的运维费用，该费用由双方自行协商。

3）投资回收：电网企业投资受到州公用事业监管机构的监管，通过监管机构核定审批的输配电价来回收，并有明确的回收周期。

（2）英国。

1）投资主体：以英国 EDF Energy 公司为例，电网与用户配电设施资产界面以公用电网连接点为分界，公用电网连接点以上的新增资产称为公用资产，公用资产的扩容投资需要在电网企业与用户间分摊；公用电网连接点以下的新增资产称为专用资产，为将一个或一组用户接入现有电网而安装的资产，成本全部由用户承担。

2）建设、运维职责划分：用户接入工程分为非竞争性与竞争性两部分。为保证配电网的安全、高效、协调与经济，非竞争性工程[①]部分必须由当地电网企业安装，产权归当地配电公司。引入竞争性部分的目的是为促进竞争，这部分工程用户可委托给其他电网企业或具备资质的专业安装公司，此时用户必须与当地电网企业签订接收合同，约定这部分工程在完成后无偿转交给电网企业，由其负责投入使用后的运行、维护和安装。

3）投资回收：电网企业在公网的投资费用，以及后续运维费用，通过接入费和配电系统使用费回收。

（3）法国。

1）投资主体：对于法国电力集团来说，电网与用户配电设施资产界面以

---

① 包括受理用户申请、安排连接；决定连接点；系统扩展工程的连接与实施，现有线路和设备的转移与更改位置；计划、（批准）设计、指定竞争性部分以及使用的材料；获取工程需要的土地权与其他授权；运行、修理、维护线路和设备；检查、指导、测试竞争性工程。

公用电网连接点为分界，公用电网连接点以上的新增费用由法国电力集团和房地产企业按 4:6 分摊，公用电网连接点以下的新增费用由房地产企业出资。

2）建设、运维职责划分：配电设施的建设与运维管理责任依资产归属而定，法国电力集团负责公用电网部分建设运维，公用电网连接点以下由用户自行建设运维。

3）投资回收：通过输配电价实现有效疏导。

（4）日本。

1）投资主体：根据供电方式不同及电压高低，电网企业与用户配电设施资产界面有所差异，但都是在相应供电电压的连接点。对于高压用户，公用电网连接点以上由电网企业投资，连接点以下由用户投资；对于低压用户，电网企业投资至用户建筑红线。

2）建设、运维职责划分：配电设施的建设与运维管理责任依资产归属而定，电网企业负责所属产权建设与运维，用户可以自行建设与运维，也可以外委。根据日本相关法律规定，配电设施的建设与运维需要由具备"电气主任技术者"资质的人员完成。

3）投资回收：电网企业在用户接网工程中的投资与运维费用，可通过输配电价回收。

上述发达国家电力用户接入工程投资界面如图 2-11 所示。

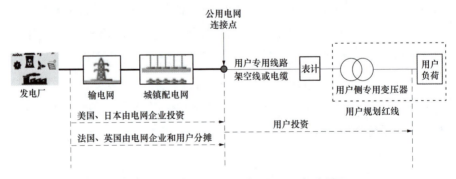

图 2-11 发达国家电力用户接入工程投资界面

国际上大部分电力市场经济完善的国家均对电力用户收取接入费，主要是考虑到接入环节的投资有特定的受益主体，收取接入费可以实现投资公平负担，并提供接入环节的价格信号、调节接入环节的供需行为，实现配电网资源的优化配置。在一个科学的电价体系中，用户不会因接入费而增加支出，因为无论接入费收取与否，电力系统的所有成本，最终都要由用户负担，问题只是如何负担更公平和更有效率。从公用电网连接点以下至进户点的费用能明确区分出受益对象，若该费用全部进入输配电价，则不能体现用户接入成本的差异，还可能导致接入地点与用电方式的不合理。

2.5.2　我国电网投资界面发展情况

我国电网网荷投资界面大概可分为三个阶段，即贴费阶段、部分延伸阶段、全面延伸阶段。电网投资界面管理政策演变总体情况如图 2-12 所示。

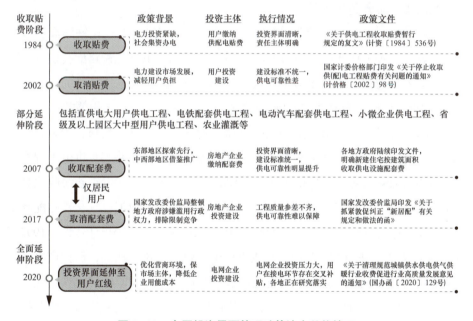

图 2-12　电网投资界面管理政策演变总体情况

2.5.2.1　贴费阶段

1984 年，国家计划委员会印发《关于供电工程收取贴费暂行规定的复文》（计资〔1984〕536 号），"决定征收供电工程的贴费[①]，作为 110kV 以下供

[①]　贴费是用户申请用电或增加用电容量时，应向供电部门交纳由供电部门统一规划并负责建设的 110kV 及以下各级电压外部供电工程建设和改造等费用的总称。供电工程贴费由供电和配电贴费两部分组成。

电工程的投资来源"。2000 年，国家计委、国家经贸委联合下发《国家计委、国家经贸委关于调整供电贴费标准等问题的通知》（计价格〔2000〕744 号），规定"取消省及省以下各级政府及部门自行出台的电力增容费。城乡电网改造过程中新增的用电容量，免征一切贴费或增容费"。2002 年，国家计委、国家经贸委印发《关于停止收取供（配）电工程贴费有关问题的通知》（计价格〔2002〕98 号），明确"对一般供电要求的电力用户申请新装及增加用电容量停止收取供（配）电工程贴费"。2003 年，国家发展改革委印发《关于停止收取供配电贴费有关问题的补充通知》（发改价格〔2003〕2279 号），提出"各地区要严格执行国家有关规定，对各类用电一律停止征收供（配）电贴费"。

2.5.2.2 部分延伸阶段

（1）电铁配套供电工程。1995 年，国家计委印发《电气化铁路配套电力工程管理办法》（计建设〔1995〕1954 号），指出"电气化铁路配套供电工程投资范围主要包括 110kV 及以下送变电工程。110kV 以上电压等级的送变电工程，其投资实行按用户分摊的原则，铁路电气化工程只列入与之相关的部分""电气化铁路配套供电工程由有关的电网公司负责建设、运行、维修、管理和贷款的偿还"。2011 年，国家发展改革委印发《关于电气化铁路配套供电工程有关电价问题的通知》（发改价格〔2011〕1002 号），要求"对电铁暂缓收取高可靠性供电费用"。2017 年 5 月，国家发改委印发《关于取消电气化铁路配套供电工程还贷电价的通知》（发改价格〔2017〕1005 号），废止计建设〔1995〕1954 号等文件，并明确"按照《省级电网输配电价定价办法》，已投产电气化铁路配套供电工程计入省级电网输配电有效资产，不再扣减电气化铁路配套供电工程还贷电价加价收入"。目前，电铁配套供电工程由电网公司与铁路投资主体协商确定出资方案。

（2）电动汽车配套供电工程。2015 年，国务院办公厅印发《关于加快电动汽车充电基础设施建设的指导意见》（国办发〔2015〕73 号），要求"电网企业负责建设、运行和维护充电基础设施产权分界点至电网的配套接网工程，不得收取接网费用，相应资产全额纳入有效资产，成本据实计入准许成本，并按照电网输配电价回收"。2018 年，国家发展改革委等四部委联合印发《关于提升新能源汽车充电保障能力行动计划的通知》（发改能源〔2018〕1698 号），规定"电网企业要按照相关专项规划,做好基础设施配套电网建设与改造,合理建设充电设施接入系统工程,相关成本纳入电网输配电价"。2018年,国家电网公司印发《关于持续优化营商环境提升供电服务水平两年行动计划的通知》(国家电网办〔2018〕1028号),要求"按照'一省一策'原则,结合自身经营状况由供电企业承担电动汽车充换电设施的红线外接入工程投资;具备条件的省市公司,可进一步扩大电网投资范围"。目前,电动汽车充换电设施由电网企业投资建设至客户红线。

(3)小微企业供电工程。2020年9月,国家发展改革委、国家能源局印发《关于全面提升"获得电力"服务水平持续优化用电营商环境的意见》(发改能源规〔2020〕1479号),要求"2021年底前,实现城市地区用电报装容量160kW及以下、农村地区100kW及以下的小微企业用电报装'零投资';2022年底前,实现全国范围160kW及以下的小微企业用电报装'零投资'"。在小微企业投资界面延伸方面,要求"各供电企业要逐步将电网投资界面延伸至居民用户和低压小微企业用户红线(含计量装置),鼓励和支持适当延伸高压用户电网投资界面,对涉及防范化解重大风险、精准脱贫、污染防治三大攻坚战的项目可优先延伸"。

(4)省级及以上园区大中型用户供电工程。2018年,国家电网公司印发《关于持续优化营商环境提升供电服务水平两年行动计划的通知》(国家电网办〔2018〕1028号),要求"按照'一省一策'原则,结合自身经营状况、配电网条件等实际情况,适当延伸电网企业投资界面。对大中型企业客户,由供电企业承担省级及以上各类园区红线外接入工程投资;具备条件的省市公司,可进一步扩大电网投资范围,履行公司审批程序后,覆盖其他园区,以及政府关注的民生工程、先进技术产业等项目"。

(5)农业灌溉(机井通电)。2016年,国家发改委、水利部、农业部、国家能源局联合印发《关于加强农村机井通电建设管理工作的通知》(发改办能源〔2016〕1499号),以及2017年,国家能源局、水利部、农业部联合印发《关于印发建立健全农村机井通电长效机制有关要求的通知》(国能发新能〔2017〕11号),均明确农网机井通电工程和10kV配电台区及以上电力设施由电网企业负责建设,配电台区以下至井口的线路由当地县级政府建设。

（6）居民用户。2007年起，各地方政府结合经济发展实际，陆续出台文件，明确新建住宅按建筑面积收取供电设施配套费，实行"统一收费、统一标准、统一建设、统一管理"，由电网企业建设并运维至户表，实现"供电、抄表、收费、服务"四到户。2017年1月，国家发展改革委价监局向各省、自治区、直辖市发展改革委（物价局）印发《关于抓紧敦促纠正"新居配"有关规定和做法的函》，要求各地组织开展地市县新建小区供电工程反垄断调查处理工作。据此，各地政府陆续取消配套费政策，逐步过渡到市场化运作阶段。

2.5.2.3　全面延伸阶段

2020年，国务院印发《关于清理规范城镇供水供电供气供暖行业收费促进行业高质量发展的意见》（国办函〔2020〕129号），提出到2025年，在城镇规划建设用地范围内，供水供电供气供热企业的投资界面应延伸至用户建筑区划红线，除法律法规和相关政策另有规定外，不得由用户承担建筑区划红线外发生的任何费用。电力用户接入工程电网投资界面示意图如图2-13所示。

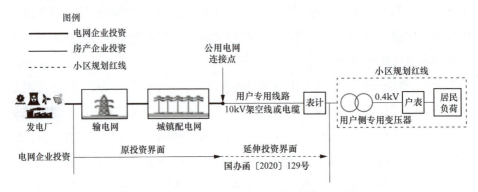

图2-13　电力用户接入工程电网投资界面示意图

3　电网投资分析

为实现"双碳"目标，新型电力系统需要最大化消纳新能源，这对电网建设提出了新的要求。"十三五"以来，为实现电力系统的清洁低碳化发展，助力新型电力系统建设，我国电网投资规模不断下降，投资结构不断调整，特高压电网成为电网投资重点，电网工程建设逐渐向特高压电网倾斜，智能化设备的应用范围逐渐扩大。基于此，我国电网投资将主要集中于特高压电网建设、抽水蓄能以及智能化技术攻关方面。

3.1　电网投资规模分析

"十三五"以来，我国电力投资规模呈现先缩小再扩大的发展趋势，2018年电力投资规模最小，为8161亿元，后逐步上升至10189亿元。其中，电网投资规模总体呈缩小态势，投资金额从2016年的5431亿元减少到2020年的4896亿元，减少了9.85%。

2021年我国电力投资规模继续扩大，投资规模再次超1亿元，同比增长5.9%。其中，电网工程完成投资4916亿元，同比增长0.4%。占电力投资总额的45.6%。全国电力投资及电网投资规模如图3-1所示。

电网投资中，直流工程投资波动较为明显，2017~2019年逐年下降，2020年上升明显，达到542亿元，2021年回落至380亿元；交流工程建设投资始终保持在4千亿元以上，2018年最高，达到4600亿元，2021年比2020年增长4.7%，为4383亿元。2016~2021年直流工程及交流工程投资情况如图3-2所示。

图 3-1 2016~2021 年全国电力投资及电网投资规模

数据来源：中国电力企业联合会

图 3-2 2016~2021 年直流工程及交流工程投资情况

数据来源：中国电力发展报告

3.2 电网投资结构分析

"十三五"以来，国家电网经营区域内电网基建投资中的输电网和配电网投资总体呈下降趋势，但从 2020 年开始，特高压和配电网投资均逐步回升。

3.2.1 输电网投资情况

本章节提到的输电网投资指电网投资中 220kV 及以上电压等级的电网建设投资。2016~2021 年我国输电网投资波动较大，总体呈下降趋势。2016 年，电网基建投资中 800kV 及以上特高压输电网投资 836 亿元，在 2017 年呈上升趋势，此后逐年大幅下降，至 2019 年，特高压输电网投资降至 381 亿元，同比下降36.82%，2019~2020 年大幅增长至 583 亿元，同比上涨 53.02%，2021 年为 526亿元，同比下降 10%。220~750kV 输电网投资在 2016~2017 基本持平，2018年呈上升趋势，至 2019 年大幅下降至 1143 亿元，同比下降 18.01%，2020 年和 2021 年略有回升，达到 1909 亿元。2016~2021 年我国输电网投资结构如图 3-3所示。

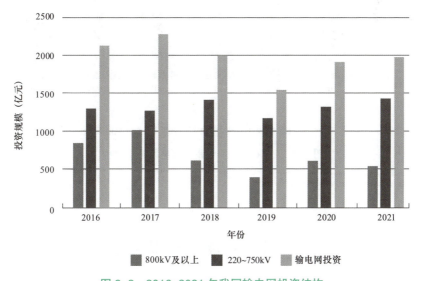

图 3-3　2016~2021 年我国输电网投资结构

数据来源：中国电力企业联合会

3.2.2 配电网投资情况

本章节提到的配电网投资指电网投资中 110kV 及以下电压等级的电网建设投资。2016~2021 年我国配电网建设投资在 2756 亿~3148 亿元范围波动，其中 35kV 及以下电网投资占比均在 70% 以上。2016 年，我国配电网投资 3117 亿元，110kV（含 66kV）配电网投资 798 亿元，35kV 及以下配电网投资 2319 亿元。2017 年两项投资均出现下降。2018 年我国配电网投资略有回升，2019 年达到最高值 3148 亿元。2019~2021 年配电网投资呈下降趋势，其中 35kV 及以下电网投资降至 2022 亿元，同比降低 6.6%，2021 年 110kV（含 66kV）电网投资比 2020 年有所提升，增长率为 18%。2016~2021 年配电网投资结构如图 3-4 所示。

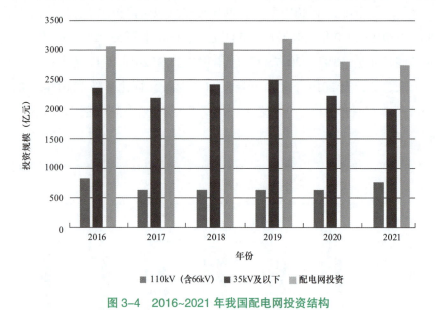

图 3-4　2016~2021 年我国配电网投资结构

数据来源：中国电力企业联合会

3.3　电网投资方向和趋势分析

电力行业脱碳是实现我国"双碳"目标的关键，"双碳"目标对电力行业的低碳化、清洁化发展提出了更高的要求，2021 年 3 月，中央财经委员会在第九次会议上指出，要构建清洁低碳安全高效的能源体系，控制化石能源总量，着力提高利用效能，实施可再生能源替代行动，深化电力体制改革，构建以新能源为主体的新型电力系统。

在此背景下，新能源渗透率不断提升，电网形态改变，物理特性重构，如何满足新能源的高比例接入、保障电网的安全稳定运行和电力的可靠供应成为了亟待解决的关键问题。基于此，电网投资需要进行方向性调整以应对阶段性痛点，增加主网架和抽水蓄能投资，攻关电网智能化核心技术，将有效支撑构建坚强智能电网、推动提升系统调节能力、加快电网向能源互联网升级、助力实现"双碳"目标。

3.3.1 投资方向及趋势

3.3.1.1 持续加强特高压电网建设力度

以新能源为主体的新型电力系统建设，要求电网能够解决新能源大规模接入的难题，也可以实现电力的跨区域输送，而特高压电网大容量、远距离、低损耗的特点能够满足新型电力系统的建设需求。

特高压电网可实现清洁能源的跨区域输送，是构建新型电力系统的关键。我国清洁能源资源地区分布不均，核电、风电和水电大多产生在中西部等内陆地区，而我国能源需求主要集中在东南沿海地区，供需的逆向分布格局以及新能源的波动性对跨区域能源输送提出了更高的要求。特高压线路可以实现大容量、低损耗的电力输送，能够有效解决新能源不稳定以及供需逆向分布的问题，连接区域电网，增强电能输送弹性，实现清洁能源的跨区域输送。

特高压电网的建设，不仅可以实现清洁能源的稳定接入，也可以促进区域电网的连接。加强特高压电网建设力度，能够有效完善新型电力系统的基础设施，促进新型电力系统的发展，助力"双碳"目标的实现。

3.3.1.2 抽水蓄能加速发展

新型电力系统以新能源为发电主体，但以风电、光伏为主的新能源随机波动性强，在电力生产、分配、输送和使用等环节，存在很大的不确定性，需要以储能系统作为支撑。抽水蓄能是目前大容量电能存储的主要方式，具有调峰、填谷、调频及事故备用功能。抽水蓄能的低吸高发功能，不仅可以实现电能的有效存储，还可以有效调节电力系统生产的供应和使用，保持三者之间的动态平衡。

抽水蓄能技术成熟、综合成本低，最具大规模开发条件，是保障高比例新能源电力系统安全稳定运行的有效途径。扩大抽水蓄能投资规模，可以为新型电力系统的电力稳定运行提供储能保障，且实现储能系统的低碳化发展，加速电力系统脱碳。

3.3.1.3　加快电网智能化核心技术攻关

新型电力系统以最大化消纳新能源为主要任务，但新能源并网量的增加会加剧电网波动性。现有电网无法单纯凭借电气装置达到平衡，需要依靠数字化手段进行调节，智能化价值从降本增效转向电网平衡刚需。《中华人民共和国国民经济和社会发展第十四个五年规划和2035年远景目标纲要》指出，我国要加快电网基础设施智能化改造和智能微网建设，提升电力系统的智能调节能力。

加大电网核心技术攻关方面的投资力度，能够加快电网智能化进程，攻关物联网技术、智能调度、智能配电网技术、智能变电站等核心技术，加快实现电网的数字化、互动化、信息化和自动化，建设智能电网，搭建新型电力系统的枢纽平台，以促进新型电力系统的发展，实现"双碳"目标。

3.3.2　投资方式优化

传统的电网基建思路在新形势下投资较大，电网转型需要通过能量补偿、调控升级、市场调节等多种手段进行。可再生能源占比不断提升，分布式能源规模不断扩大，发电侧的间歇性和不确定性给保障电力供应、维持电网平衡、保证系统安全带来更大挑战。传统基建思路通过预测最大传输容量，从而决定电网增容扩建规模的思路，不再适应新形势下高波动、高峰谷差的电力传输需求，电网的客观投资能力不能匹配投资规模，且投资效率很低。需要增强有功、无功补偿能力，提升电网调控水平，并通过市场调节机制促进资源优化配置，多角度入手促进电网转型。电网经济高效升级成本对比如图3-5所示。

3.3.2.1　能量补偿手段

通过增加有功、无功电能补偿设备，动态调整电网潮流，从而减轻电网传输压力。典型手段包含抽水蓄能、电化学储能等电能储存装置，在电能过剩时储存，在电能短缺时释放；以及并联、串联无功设备用于优化电网潮流。

对于储能技术，通过与电网进行灵活的电力交互（吸收或释放电能），优化输电线路输送的潮流。从能量存储介质的角度可以分为物理储能、电化学储能、电磁储能、化学燃料储能等方式。从当前中国发展条件看，抽水蓄能作为系统级调节手段，在相当长时期内，是储能的优先发展方向，拥有技术成熟、经济性好（当前度电成本约为 0.3 元 /kWh）、安全性高、调控运行便捷等优点，能够发挥调峰、备用、顶峰运行等综合作用。以磷酸铁锂电池为代表的电化学储能，也有望在电力系统中得到广泛应用，在电动汽车的快速发展下成本持续下降，度电成本已降至 0.5 元 /kWh 左右，但由于存在热稳定性差的安全风险、投资回收渠道尚不完善等限制，目前应用规模有限。

图 3-5　电网经济高效升级成本对比

对于无功补偿装置，可以通过调节节点电压，提高系统稳定性，抑制电压波动。其中并联电容器和电抗器已有数十年的应用历史，且为使新能源符合并网标准，配套部署规模也会持续增大。并联电容器、电抗器成本较低（70~220元 /kVA），应用较为广泛。静止无功补偿器和静止同步补偿器响应更快、占地更小，但成本更高（360~720 元 /kVA），近年来随着应用规模的扩大，成本有下降趋势，但仍有待进一步下降才能具备大规模应用的条件。

对于潮流控制技术，主要指主动控制线路输送功率避免越限的各类技术。其中串联电容器主要应用于高压输电系统，可提高功率传输极限、灵活地调节系统潮流、增加系统阻尼，是保证超高压电网安全稳定运行的重要措施，且成本相对较低（140~540 元 /kVA）。统一潮流控制器、静止同步串联补偿器等柔性直流输电技术仍有待成熟，成本也较高（1100~2200 元 /kVA），预计 10~15 年后成本才能降低至可推广水平。但在新能源大规模发展的趋势下，其避免电网阻塞的功能将愈发重要。

3.3.2.2　先进调控手段

动态增容通过实时采集输电线路的导线温度、弧垂、环境风速、风向等数据，动态评估线路的实际可用容量，允许线路载荷在实际可用容量以内，超出保守估计的静态容量加以限制，从而动态增加线路输送容量。理论研究和试点应用都表明动态增容技术具备提升电网运行效率的能力，拥有良好的应用前景。考虑负荷需求增长情况，同时结合动态增容和线路新建手段，合理选择电网升级方案。动态增容技术成本仅为电网增容扩建的 5%，典型工程的整体成本主要包含每 5.4km 的线路加装 1 套传感设备，每套约 22 万元，以及每年 18 万元的系统运行维护成本。

智能保护是利用智能化手段、预判电网运行情况并自动启动一系列保护动作、避免功率及电压越限的技术。随着数字化技术和人工智能技术在控制系统中的应用，智能化的保护动作决策技术可以逐步应用在主网及实现网格化管理的配电网中。随着通信及信息处理技术的进一步成熟，未来智能决策系统的成本将持续下降。

虚拟电厂通过聚合局部电网的分布式电源、灵活性负荷等，参与电网调节，提升局部电网的灵活性。虽然分布式能源正在大规模发展，商业楼宇空调、电动汽车等柔性负荷不断增多，但当前总体量测水平不高，需要虚拟电厂提供数据收集、预测负荷、电源出力，以及与配网交互的平台。根据国家电网公司测算，通过火电厂实现电力系统削峰填谷，满足经营区 5% 的峰值负荷需要投资 4000 亿元，而通过虚拟电厂，在建设、运营、激励等环节投资仅需 500 亿 ~600 亿元，既满足环保要求，又能够降低投入成本。但受限于缺乏分布式资源的参与机制及虚拟电厂的投资回收前景，当前虚拟电厂参与规模不大，随着电网对灵活性的需求不断提升，虚拟电厂在未来将继续发展，分布式新能源的可观可测、可调可控需要在电网安全与平衡的要求下，随着并网管理制度的完善而逐渐普及。

3.3.2.3 市场调节手段

动态浮动电价如阶梯电价、尖峰电价或分时电价，通过价格信号传导源、源荷两侧曲线耦合下的电网平衡需求，引导电力资源在时间上的优化配置。目前，国内大部分省份实施了分时电价机制，各地分时电价机制在具体执行上有所不同。例如，各地普遍按日划分峰、平、谷时段，执行峰谷分时电价，部分省份在此基础上增加了尖峰时段；四川等地按月划分丰水期、枯水期，对电力供应紧张的枯水期进一步执行丰枯电价；上海等地按季划分夏季、非夏季，对盛夏用电高峰期执行更高的季节性电价。为解决分时电价缺乏动态调整机制、与电力市场建设发展衔接不够等问题，2021 年 7 月国家发改委发布《进一步完善分时电价机制的通知》，要求科学划分峰谷时段，各地要统筹考虑当地电力系统峰谷差率、新能源装机占比、系统调节能力等因素，合理确定峰谷电价价差，上年或当年预计最大系统峰谷差率超过 40% 的地方，峰谷电价价差原则上不低于 4:1；其他地方原则上不低于 3:1。

两部制电价是在与用电量对应的电量电价之外，结合与容量对应的基本电价，共同决定最终电价的制度。由于电网网架的容量是由最大尖峰功率决定，随着电网供需两侧波动性与峰谷差不断增加，用电量愈发不能反映真实的电网输送成本，两部制电价制是一种能够比较真实地反映成本构成的相对合理的电价制度。

4　电网投资评价

4.1　投资效率效益评价研究及方法

4.1.1　投资效率效益评价研究

电网投资效率效益作为电网经营的重要衡量指标，其水平高低反映了电网公司经营水平的高低。探讨电网投资效率效益的实际应用，便于发现不利于电网投资效率效益提升的关键因素，对于提高电网发展质量和电网企业的投资效益、促进可持续发展，具有十分重要的意义。

目前国内外在电网公司业务中关于电网投资效率效益通常采用容载比、线路或变压器最大负载率等指标来衡量电网资产的实际运行水平。国内对电网设备利用率评价指标通过满足最大负荷条件下的用电需求来考虑，并根据负荷增长速度的快慢，计入一定的建设裕度，由此指标对设备做出的评价不利于找出电网中的薄弱环节，不同类型的负荷具有不同的负荷特性，仅使用最大负载率来衡量某个电网的利用情况往往会导致设备利用率低下。近年来，我国在电网规划设计上一般按照容载比来确定设备运行的状态，并由此决定网络中各个元件的型号选择、确定设备的额定容量。如某输变电项目在进行电网设备利用率评价时采用的指标是容载比，那么各个设备在进行设备利用率评价时考虑的指标会有主变压器年最大负载率、主变压器年等效平均负载率、线路年最大负载率、线路年运行经济等效平均负载率等。

从目前国内外研究的整体情况来看，对于电力工程项目的投资效益评价领域主要集中于发电项目和电力市场建设中，而对于电网项目的评价侧重于对单个电网工程项目和农村电网。从评价方法来看，目前主要的评价方法有两大类：一是传统的技术经济学方法，如净现值法、投资回收期法、内部收益率法等；二是数学评价方法，包括综合评价方法、信息论方法等。

4.1.2 以利用率上限估计值为核心的电网资产设备利用率综合模型

本章将对以考虑电网运行及负荷特性约束条件下的资产设备利用率上限估计值（Constrained Utilization Maximum Estimation，CUME）为核心的电网资产设备利用率综合模型进行介绍。资产设备利用率上限估计值反映的是考虑电网运行和负荷特性约束下的设备的实际可以达到的最大利用率水平，反映了设备利用状况和其所处系统间的相互作用，不受外部经济形势和电量波动影响。

相比于传统设备利用率指标，CUME 指标更适用于反映和评价设备及其所处的系统规划设计与运行管理水平。此外，将 CUME 指标与电网资产设备实际利用率、电网资产设备相对利用率及对应的安全辅助指标、发展质量辅助指标相结合，能够更全面反映所研究的设备资产利用率状况，并从不同角度为电网资产利用效率提升提供更有针对性和可操作性的指导。

电网资产设备利用率综合模型框架。CUME 模型示意图如图 4-1 所示。

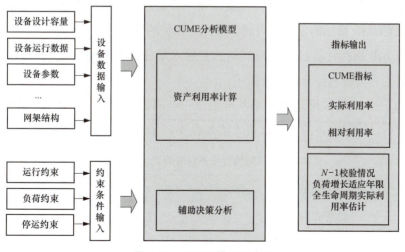

图 4-1 CUME 模型示意图

CUME 模型最大的特点是对传统的电网资产设备利用率计算方式中未曾考虑的电网及负荷特性等的综合性约束进行了整体的考虑，这一考虑在 CUME 模型的输入、输出及对应的计算模型部分都有所体现。CUME 模型主要考虑的约束条件有运行约束、负荷约束及停运约束等，这些约束从不同的层面影响着电网资产设备的利用状况；在输入部分，约束条件可以看作是特殊的输入条件，对设备的实际运行进行有效的界定；在计算模型部分，各项设备的输入数据需要在限制的约束条件下进行计算和分析；在输出部分，根据电网及负荷特性等的综合性约束得到相应的设备利用率及对应的安全性、发展质量指标。对于电网及负荷特性约束的考虑贯穿了整个 CUME 模型始终，与忽视这一部分约束的传统计算方法形成鲜明的对比，体现了 CUME 模型的综合全面性。

4.1.3　CUME 指标的定义及其含义

4.1.3.1　CUME 指标定义

CUME 模型关于电网资产设备利用率的计算指标部分，最为关键的为 CUME 指标，即考虑电网及负荷特性的约束条件下资产设备利用率的上限估计值，包括最大负载利用率上限估计值（$CUME_{peak}$）及平均负载利用率上限估计值（$CUME_{avg}$）两类 CUME 指标。CUME 指标需要对设备实际运行中可能出现的各种约束进行考量，给出理想状况下电网设备运行可能达到的利用率最大值。为说明 CUME 指标的定义及内涵，首先对相关的计算功率输入量进行描述。

CUME 指标计算过程中需要的三类输入量分别为 P_{max}、$P_{lim-peak}$ 和 $P_{lim-avg}$，以下对这三类输入量分别进行描述：

P_{max}——设备实际最大功率基准值。在电网资产设备一般在低于该值的情况下运行。不同设备的 P_{max} 取值方法如表 4-1 所示。

表 4-1　　　　　　　　不同类型设备对应的 P_{max} 取值方式

设备类型	P_{max}
交流输电线路	经济输送功率
输电变电器	额定功率
直流输电线路	额定功率

续表

设备类型	P_{max}
配电线路	热稳定极限功率
配电变压器	额定功率

$P_{lim-peak}$——根据系统安全运行要求，在运行约束条件限制下的输配电设备实际允许的最大输送功率上限值。在实际取值过程中，其运行约束要求与 $P_{lim-avg}$ 的运行约束相同。由于不考虑负荷约束与停运约束的影响，$P_{lim-peak}$ 的值一般会高于 $P_{lim-avg}$。

$P_{lim-avg}$——考虑电网及负荷特性的约束条件下输配电设备实际平均输送功率的上限值。该指标是 CUME 指标定义中的核心部分，是指在考虑电网资产设备实际运行时各类客观约束条件和负荷特性等的综合作用下，设备在实际运行过程中平均输送功率所能达到的最大值。不同类型设备对应的 $P_{lim-avg}$ 取值方式如表 4-2 所示。

表 4-2　　　　　　　　　不同类型设备对应的 $P_{lim-avg}$ 取值方式

设备类型	$P_{lim-avg}$
交流输电线路	按照《电力系统安全稳定导则》《电力系统安全稳定计算规范》《电力安全事故处置条例》要求考虑运行约束，同时考虑负荷约束和停运约束
输电变压器	按照《电力系统安全稳定导则》《电力系统安全稳定计算规范》《电力安全事故处置条例》要求考虑运行约束，同时考虑负荷约束和停运约束
直流输电线路	主要考虑负荷约束，同时考虑一定的运行约束和停运约束
配电线路	运行约束主要考虑"$N-1$"原则，同时考虑负荷约束和停运约束
配电网变压器	运行约束主要考虑"$N-1$"原则，同时考虑负荷约束和停运约束

根据以上输入量的定义，可以得到 CUME 两类指标的定义如下

$$CUME_{peak} = \frac{P_{lim-peak}}{P_{max}} \times 100\% \qquad (4-1)$$

$$CUME_{avg} = \frac{P_{lim\text{-}avg}}{P_{max}} \times 100\% \qquad\qquad (4\text{-}2)$$

4.1.3.2　CUME 指标的内涵及指导价值

CUME 指标与传统的电网资产设备利用率计算指标有显著的区别，由于约束条件以及 P_{max}、$P_{lim\text{-}avg}$ 和 $P_{lim\text{-}peak}$ 的引入，使得指标对于不同的设备有了区分、比较、计算的可能性。

CUME 的两个指标，对于不同的设备，其反映的意义不尽相同，如配电线路设备是指在配网仅考虑运行约束以及考虑各种客观约束条件环境下，线路在实际运行中所能达到的利用率上限值，这两个值也是对线路最大及平均运行极限的反映。不同设备的 CUME 指标在计算和分析时要注意其对应的差异和共通性。

CUME 指标对于判断电网裕度状况具有较大参考价值，在设备实际利用率相同的前提下，CUME 值越小，说明电网裕度较小，需要逐步地增大电网建设力度以适应未来可能的负荷发展需求；若 CUME 值较大，则说明电网的裕度较大，可以对一些不必要的电网投资进行延期建设。

CUME 指标与传统设备利用率考量设备裕度的区别在于，传统方式计算的设备裕度是按照实际的最大负载率评价，受外界用电情况影响较大，而且不能反映系统实际约束的影响，给出的裕度信息并不真实；而 CUME 指标衡量的裕度则是根据设备本身可以承受的最大上限值进行评价，更贴切的反映设备和所在系统本身的状况，体现出系统安全运行及负荷特性等客观约束条件影响。

理论上而言，CUME 的两个指标是设备在系统约束条件下的运行极限，是期望实现的设备利用目标，CUME 指标对电网资产设备利用率状况的全面分析及对应电网的利用状况的评价、规划运行等具有较大的参考价值。

4.1.4　其他指标的定义及其含义

为充分的对电网资产设备的利用状况进行描述，CUME 模型定义了电网资产设备利用率计算评价的其他相关指标，包括对传统设备利用率计算方式下的电网资产设备实际最大负载利用率指标、电网资产设备实际平均负载利用率指标、基于实际利用率与 CUME 指标的设备相对利用率指标、与 CUME 对应的安全性辅助指标等，这些指标与 CUME 指标一起，共同构成 CUME 模型的输出。

引入另一反映电网资产设备利用率指标定义需要的另两类功率值，即 $P_\text{real-max}$ 与 $\overline{P_\text{real}}$。

$P_\text{real-max}$——设备实际最大功率。这一功率值含有瞬时最大的概念，反映了电网设备在所达到的设备利用状况的最大功率值。

$\overline{P_\text{real}}$——设备的实际平均功率。这一指标并非指电力设备的实时功率值，而是对电网中某一设备在某段时间内功率的平均值，是一种积累效应的体现，能够反映系统在一定周期内的整体功率水平。

（1）电网资产设备实际利用率。这类指标是为了反映电网中资产设备实际的利用状况，并作为整个 CUME 指标模型的参考。分为电网资产设备实际最大负载利用率和电网资产设备实际平均负载利用率两类实际利用率，其中，实际最大负载利用率公式为

$$实际最大负载利用率 = \frac{\overline{P_\text{real}}}{P_\text{max}} \times 100\% \qquad （4\text{-}3）$$

电网资产设备实际平均负载利用率突出平均的概念，该指标定义为设备的实际平均功率与设备实际最大功率基准值对应的比值，即 $\overline{P_\text{real}}/P_\text{max}$，公式为

$$实际平均负载利用率 = \frac{\overline{P_\text{real}}}{P_\text{max}} \times 100\% \qquad （4\text{-}4）$$

（2）电网资产设备相对利用率。电网资产设备相对利用率指标分为两类，分别为最大相对利用率指标和平均相对利用率指标。

最大相对利用率指标定义为实际最大负载利用率与 $CUME_\text{peak}$ 的比值，反映了负荷峰值与安全运行功率限制之间的关系，也反映了实际设备运行中达到的最大功率值与由于运行约束引起的利用状况限制值之间的差距，同样，当设备实际最大负载利用率与 $CUME_\text{peak}$ 接近时，说明设备使用达到了其裕度，设备需要进一步扩建或者采取相应的提升措施。

平均相对利用率指标定义为设备实际运行过程中某段运行时间内的平均功率与考虑电网及负荷特性的约束条件下资产设备平均功率上限值的比值，即 $\overline{P_\text{real}}/P_\text{lim-avg}$。该指标的物理意义是在考虑了所有的客观约束后，设备实际运行有功功率的平均值占设备实际运行中平均功率可能达到的最大期望值的比值，可以看做电网资产设备实际平均负载利用率与 $CUME_\text{avg}$ 指标的比值，该指标是

一个相对的概念，突出了在实际可能达到的最大值的基础上设备可能的利用状况的概念。

需要指出的是，在计算平均相对利用率指标时，由于负荷约束在分子和分母同时出现，因此其结果与最大相对利用率指标是一致的，在下文中将不再特意区分。

（3）安全性指标。根据上文中建立的电网资产设备利用率模型，可以计算出对应的 CUME 指标，对于某一设备而言，CUME 指标越高，其利用状况越充分，对应的使用状况和经济效益越高。但在实际的评估中，单纯追求某一设备的 CUME 指标值的最大化是不太科学的，需要对其相关对应的安全性指标进行综合考虑。

以配网构架中的单条配电线路和环网线路为例。在仅考虑运行约束的情况下，由于没有网架结构的限制，单条配电线路的 $CUME_{peak}$ 指标为 100%，但其对应的供电可靠性较低，一旦该条线路出现故障，对应的供电区域就处于断电状态，虽然 $CUME_{peak}$ 指标达到了最大值，但其安全性大打折扣；再如配网中的环网线路，在仅考虑安全性的约束情况下，由于网架结构限制，其对应的 $CUME_{peak}$ 值为 50%，但与单条线路相比，其对应的供电可靠性大为提高。$CUME_{avg}$ 也是同样的道理。

因此，CUME 指标与其对应设备的安全性水平并非正相关，对于一些变电设备和线路也会出现 CUME 指标和其对应的安全水平都相对较高的情况。所以，以 CUME 为核心的电网资产设备利用率计算模型得出的 CUME 值，还需要与其对应的安全性水平相结合。

4.1.5　投资评价原则

指标是反映系统要素或现象的数量概念和具体数值，包括指标的名称和指标数值两部分。典型电网工程投资成效评价系统是一个非线性的复杂系统，需要由多个具有内在联系的指标按照一定的结构层次组合在一起构成指标体系，但是电网工程投资成效又有其自身的特点，需要遵循以下原则：

（1）全面性原则。指标体系应该涉及涵盖反映典型电网工程投资成效的各个方面，全面地反映电网工程的属性以及电网工程为提升区域电网的安全性、经济性、协调性和高效性而发挥的作用。

（2）系统性原则。典型电网工程投资成效评价是一个复杂的系统，系统性需要考虑到整体性、动态性、层次性、相关性和环境适应性，指标之间应当具有一定的内在联系，并且尽可能去除信息上的相关和重叠；指标的组合应具有一定的层次结构。

（3）科学性原则。指标体系一定要建立在科学基础之上，指标概念必须明确，并且要求有一定的科学内涵，能够度量和反映典型电网工程在区域电网的功能、目前发挥的作用以及未来发展的趋势。

（4）功能性原则。根据研究的目的，本指标体系主要目的是对典型电网工程投资成效进行评价，指标的功能大致可以归纳为描述功能、解释功能、评价功能、监测功能、预警功能和决策功能。描述功能即指标体系应当能够反映当前评价对象的某种状态；解释功能即指标体系应当能够说明某种对象发生的原因；评价功能即指标体系可以说明不同电网工程投资成效的差异，以便于进行比较；监测功能应该用来揭示评价电网工程成效发挥中出现的问题；预警功能指标体系应当能够对评价对象发展中的非绿色和谐行为进行报警；决策功能即指标体系必须面向典型电网工程投资决策与规划过程。

（5）可操作性原则。可操作性原则主要指资料的可获得性。指标体系的建立要考虑到指标的量化及相关数据的易得性和可靠性，尽量利用和开发统计部门现有的公开资料、有代表性的综合指标与主要指标。同时，可操作性还隐含了指标的简明性，如果没有简明性，指标的功能性和可操作性就无法做到。

（6）区域性和行业性原则。电网工程投资成效评价的研究应该考虑到电网工程所在区域经济水平、社会环境以及自然环境。各个区域电网发展参差不齐，同时各区域的电力市场环境、区域电网的组织结构也各具特点，构建时要允分了解所处电网行业的特殊性。

4.2　输电网工程投资效益评价

4.2.1　输电网投资监管

电网投资合法合规成为监管的核心。国资监管长期以来将资产负债率作为考核的重要指标之一，并明确指出完善以监管资本为主的国有资产监管体制，重视对国有资本增值保值的要求。能源行业监管侧重于从电网规划引领电网投资，并且按照《企业投资项目核准和备案管理条例》《企业投资项目核准和备案管理办法》等管理要求对投资进行审核，履行合规性审批流程，并且通过对电网重大项目开展投资成效监管，进一步强化对投资合规性的监管。电价监管明确要求应当遵循合法性原则，计入定价成本的费用应当符合《中华人民共和国会计法》等有关法律法规、国家有关财务会计制度、价格监管制度等规定。同时要求未纳入规划、未履行必要审批流程的电网投资将无法纳入输配电价疏导，从电价回收角度对电网投资合规性前端提出要求。审计监督和国资监管类似，但是更加强调电网企业作为国有企业投资的合法性，以及对党和国家重大政策的落实情况，通过监督提高国有企业经营管理水平，为国有企业健康发展保驾护航。这几项管理要求虽实施主体不同，但都是站在保障国有企业健康发展和国有资本安全的角度发挥监督作用。

电网投资效率效益成为监管的重点。国资监管将在 2020 年新增营收利润率、研发经费投入强度指标，加上原有的净利润、利润总额这两个体现国有企业经营效益的指标，国资监管的五个核心指标中有三个是反映电网企业的经营状况，体现出国家对国有企业运营效率效益的关注程度日益提升。国家能源局从 2014 年开始开展典型电网工程投资成效监管，针对特高压交直流输电工程、500kV 及西北 750kV 输变电工程投资成效开展监管工作，这些工程投资额大，在电网中发挥的作用也较大，能源监管通过对投资成效的实际情况进行核查，发现电网重大输变电工程投资存在的问题，督促电网企业提升投资效率，完善投资体系。输配电价监管中明确提出"预计新增输配电固定资产基于提高投资效率的要求，按照不高于历史单位电量固定资产的原则核定（国家政策性重大投资除外），低于历史单位电量固定资产的，按预计数核定"。输配电价监管的输配电价成本监审办法中也明确指出"经相关政府主管部门认定，在监审期间内除政策性因素外造成的未投入实际使用、未达到规划目标的输配电资产相关成本费用不得计入输配电定价成本"。审计监督也强调"坚持有利于国有资产保值增值、有利于提高国有经济竞争力、有利于放大国有资本功能的方针对国有企业和国有资本依法审计"。因此，多种监管都聚焦于电网工程投资效率效益，提升国有资本的竞争力。

三是电网精准投资是适应外部监管要求、提升内部经营水平的关键点。国资监管、能源行业监管、电价监管和审计监督都对电网投资的不同主体、不同环节进行监督，目的是倒逼电网企业，优化电网投资管理，以效率效益为中心，强调投资的全过程管理，通过管理、技术、政策三条主线提升精准投资水平。其中，管理方面主要是规范投资行为、优化流程、突出评价督导、防范投资风险；技术方面主要是统一技术标准、加强信息化支撑、加强分析论证、避免投资冲动、为科学决策提供技术依据；政策方面主要是研究国家印发的影响投资的各项规章制度，用足政策条件、争取政策支持、保障电网可持续发展。各主线定位自身短板和关键环节，按照问题导向原则，明确提升措施，形成重点工作任务。

4.2.2　输电网工程投资成效评价指标体系构建

国内电网在规划中存在适度超前的理念。近年来电网中季节性负荷增加，电网最大负荷和平均负荷差异较大，对于电网设备的实际利用率，目前缺少量化的评价指标，难以对电网工程的实际效果形成全面的评价结果。

电网工程投资成效评价体系的建立应以准确评估电网资产为目标，尤其是全面考虑 500kV 交直流工程以及特高压交直流工程在电网中发挥的实际作用，切实反映不同类型电网工程的实际效益，密切结合电力系统的实际生产、运行情况，从经济效益、运行效果、规划与实际情况对比以及反映工程特性的维度展开评价研究，充分反映典型电网工程特性，制定出评价考核指标，以此来有力促进电网的高质量可持续发展。

指标体系设计作为评价工作的基础，直接关系到评价结果的可信度。在实际的综合评价活动中，评价指标并非越多越好，但也不是越少越好，关键在于评价指标在评价中所起作用的大小。一般应是以尽量少的"主要"评价指标用于实际评价，但在初步建立的评价指标集合当中也可能存在一些"次要"的评价指标，这就需要按某种原则进行优化、筛选，分清主次，合理组成评价指标集。评价指标获取的步骤主要有指标梳理、指标筛选、指标分析等。

首先，针对典型电网工程投资成效评价体系建设需求，分析典型电网工程投资成效评价工作中关注点，将监管指标纳入评价体系。

其次，为了使评价结果准确、客观，又尽可能减少评价本身的工作量，经过梳理得到的指标需要进行甄别和筛选，从而得到最终的指标体系，主要原因有以下几点：一是某些指标本身不重要，与评价对象关系不大；二是某些指标间反映的内容近似，或具有高度的相关性，所以应该进行同类指标的合并，或仅保留具有代表性的指标；三是某些指标因缺乏相应的统计资料，无法取得相应的数据。在对梳理后得到的指标进行甄别和筛选时，应满足如下条件：

（1）选用的指标要能够较全面地反映典型电网工程实际运行的现实情况，避免指标的单一化及指标意义的片面化。

（2）筛选出的指标能够反映考评对象的主要信息，能较好地代表典型电网工程的某方面水平。

（3）所选择的指标之间所反映的信息内容应该彼此之间尽可能独立，不能被指标体系中的其他指标完全替代，可以独立反映电网工程效益的某方面内容或信息，以免造成指标的冗余。

（4）所选择的指标应考虑数据可得，具有可操作性。指标数据来源应结合电网专业数据，并明确口径，以免产生无法量化的问题。

本小节参照国家能源 2019 年典型电网工程投资成效监管工作要求，在对指标选取原则、指标范围等进行分析并确立的基础上，设计电网工程投资成效评价指标体系。

在进行电网工程投资成效评价时，还需要考虑电网工程在整个电网中的实际功能定位问题，不同功能的电网工程评价时应考虑其差异性。根据 DL/T 5523—2017《输变电工程项目后评价导则》，项目目标评价中，送出工程主要是评价其电量送出目标；联网工程可通过互送最大电力、年交换电量、潮流分布评价优化资源配置和加强网架结构方面的目标；区（省）内典型电网工程可通过设备负载率等评价项目对增加地区供电能力以及加强网架结构的目标。

常见的用于输电功能的线路有电源送出线和负荷馈线等，对于电源送出线，其利用效率与对应电源类型和发电设备利用小时数关联较大，而负荷馈线则主要取决于对应的负荷类型和最大负荷利用小时数；对于主网架线，主要有跨大区和省间联络线以及相关的受端输电环网等。目前我国各级输电网经过多年发展，总体呈现环网与链式结构并存，以环网为主，尤其对于负荷相对集中的城市和地区，该类型线路承担作用较为复杂，可能存在输电、联络和备用三类功能并存的状况。此外还有一部分用以备用的线路，其对应的设计功能主要为满足系统的安全稳定性，例如输电网受端负荷较为密集区，常见的有 500kV 负荷环网，该类线路上潮流量并不太大，在系统中所起的作用主要是缓和外界输电量对主网架的冲击，将潮流馈送至下一级输配电网，该类输电线路对应的设备利用率相对一般承担输电作用的线路而言并不高，但其可起到互补互济功能，可有效地提升系统整体利用效率。

对于输电网中的变电设备而言，可根据其在系统中的功能作用不同分为枢纽站、中间站和终端站，三种类型变电设备在系统中同样承担着不同的作用。

因此，在进行电网工程投资成效评估时，要结合其相应的功能定位，考虑其对系统的整体支撑作用、对工程发挥的作用作出较为科学的判断。

本小节在电网工程投资成效评价指标设计时充分考虑了电源送出类、网架加强类和负荷供电类电网工程发挥的作用，从输电效率、运行效率、增量效益、规模效益、环境效益和社会效益 6 个维度提出了针对电网工程投资成效评价的指标体系，该指标体系由 6 个一级指标、16 个二级指标、22 个三级指标组成，如表 4-3 所示。

表 4-3 电网工程投资成效评价指标表

一级	二级	三级	单位	指标属性
输电效率	输电量	年输送电量	亿 kWh	极大型
	输电损耗	年输电损耗率	%	极小型
	利用效率	年等效利用小时数	h	极大型
	输送电力	年最大功率	万 kW	极大型
		调度限值占比	%	极大型
		年最大功率占调度控制功率比值	%	极大型
		年最大功率持续时间	h	极大型
运行效率	计划停运	计划停运时次	次·h	区间型
	故障停运	故障停运时次	次·h	极小型
增量效益	电量增量	断面输送电量提升值	亿 kWh	极大型
		单位投资年输电量	kWh/元	极大型

续表

一级	二级	三级	单位	指标属性
增量效益	电力增量	断面输送功率极限提升值	万 kW	极大型
		单位投资年最大功率	kW/万元	极大型
规模效益	电量规模	年输电量占所在省全网用电量比例	%	极大型
	电力规模	年最大功率占所在省全网最大负荷比例	%	极大型
		年最大功率占所在省并网装机容量比例	%	极大型
环境效益	电能清洁化	清洁能源输送比率	%	极大型
	节约燃煤	节约燃煤	万吨标煤	极大型
	等效减 CO_2	等效减排 CO_2	t	极大型
社会效益	拉动投资	拉动投资规模	亿元	极大型
	拉动就业	增加就业人数	人	极大型
	提升税收	提升税收收入	亿元	极大型

4.2.2.1 输电效率

（1）年输送电量（亿 kWh）。

1）指标定义：工程年实际输送电量，包括正向输送电量和反向输送电量。

2）计算公式：年输电量 = 正向输送电量 + 反向输送电量。

（2）年输电损耗率（%）。

1）指标定义：对工程电量损耗情况进行评价，计算损耗率，其值为工程送受端电量差。

2）计算公式：年输电损耗率 = 损耗电量 / 上网电量。

（3）年等效利用小时数（h）。

1）指标定义：对工程年利用水平进行评价，计算工程年利用小时数。以调度控制功率运行状态下输送相应电量所需的时间为准。

2）计算公式：年利用小时数 = 年输送电量 / 调度控制功率。

（4）年最大功率（万 kW）。

1）指标定义：工程年实际最大功率，取全年正向和反向输送功率绝对值的最大值。

2）计算公式：年输送电量 =max（｜正向最大输送功率｜，｜反向最大输送功率｜）。

（5）调度限值占比（%）。

1）指标定义：工程在实际运行年度受网架稳定性等影响确定的控制功率限值占工程设计输送功率的比值。

2）计算公式：调度限值占比 = 年调度控制功率 / 设计输送功率。

（6）年最大功率占调度控制功率比值（%）。

1）指标定义：年最大功率在调度部门当年设置的控制功率的占比。

2）计算公式：年最大功率占调度控制功率比值 = 年最大输送功率 / 年调度控制功率。

（7）年最大功率持续时间（h）。

1）指标定义：年工程输送功率达到年最大输送功率 90% 以上的累计时间。

2）计算公式：年最大功率持续时间 = 调度部门监测到的工程年实际输送功率达到当年最大输送设计功率 90% 以上的小时数和。

4.2.2.2　运行效率

（1）年计划停运时次（次·h）。

1）指标定义：事先有计划安排且向调度申请并由调度许可的停运总时间乘以计划停运次数。

2）计算公式：年计划停运时次 = 年计划停运小时总数 × 年计划停运次数。

（2）次年故障停运时次（次·h）。

1）指标定义：指由于设备故障等故障因素引发的工程强迫停运时间总和乘以年故障停运次数。

2）计算公式：年故障停运时次 = 年故障停运小时总数 × 年故障停运次数。

4.2.2.3　增量效益

定量描述由于工程投运产生的电量输送增加和电力输送能力增加的效益。

（1）断面输送电量提升值（亿 kWh）。指工程投运后对所在功率断面输送电量的提升预测值（适用于有功率断面的情况）。

（2）单位投资年输电量（kWh/ 元）。

1）指标定义：年输电量与工程投资额的比值。

2）计算公式：单位投资年输电量＝年内实际输送电量／工程决算投资。

（3）断面输送功率极限提升值（万 kW）。指工程投运后对所在功率断面输送功率极限值的提升预测值（适用于有功率断面的情况）。

（4）单位投资年最大功率（kW/ 万元）。

1）指标定义：年实际最大功率与工程投资额的比值。

2）计算公式：单位投资年最大功率＝年内实际最大输送功率／工程决算投资。

4.2.2.4 规模效益

（1）年输电量占所在省全网用电量比例（％）。

1）指标定义：工程年输电量与工程所在省全网用电量的比值，若跨省跨区则分别计算输电量占送端和受端省全网用电量的比例。

2）计算公式：工程年输电量占所在省全网用电量比例＝年内实际输电量／年内所在省全网用电量。

（2）年最大功率占所在省全网最大负荷比例（％）。

1）指标定义：工程年最大功率与工程所在省全网最大负荷的比值，若跨省跨区则分别计算输电量占送端和受端省全网最大负荷的比例。

2）计算公式：工程年最大功率占所在省全网最大负荷比例＝年内工程最大功率／年内所在省全网最大负荷。

（3）年最大功率占所在省并网装机容量比例（％）。

1）指标定义：工程年最大功率与工程所在省年并网装机容量的比值。

2）计算公式：工程年最大功率占所在省并网装机容量比例＝年内工程最大功率／年内所在省年并网装机容量。

4.2.2.5 环境效益

（1）清洁能源输送比率（％）。

1）指标定义：指通过工程并网送出的清洁能源电量占工程输电量的比重，反映工程对于清洁能源消纳的作用。

2）计算公式：清洁能源输送比率＝年清洁能源输送电量／工程年输送电量。

（2）等效节约燃煤（万吨标煤）。

1）指标定义：电能使用地区获得工程输送的等效电量所需的燃煤量。

2）计算公式：等效节约燃煤 = 工程输送电量 × 发电标准煤耗率。

（3）等效减排 CO_2（吨）。

1）指标定义：由于使用工程输送电量而等效减少的发电产生的 CO_2。

2）计算公式：等效减排 CO_2= 工程输送电量 × 发电标准煤耗率 × 标煤 CO_2 排放系数。

4.2.2.6 社会效益

（1）拉动投资规模（亿元）。

1）指标定义：对电网工程拉动投资能力进行计算和评价。评价依据待评价电网工程配套电源项目的投资来确定。

2）计算公式：拉动投资能力 = ∑电网工程项目投资 ×3。

（2）增加就业人数（人）。

1）指标定义：对拉动就业效益进行计算和评价。计算拉动就业人数，评价典型电网工程配套电源项目在建设及运行过程中的拉动就业效果。

2）计算公式：拉动就业人数 = 工程投资费用 / 单位投资拉动就业人数。

（3）提升税收收入（亿元）。

1）指标定义：对提高所在地区税收收入等方面的影响进行总结和评价。简要叙述项目对当地税收收入提高、生活水平提升的作用和影响。

根据工程结算报告及财务决算报告，统计电源工程建设期的纳税费用；并依据现行的国家现行财税制度规定，计算工程运营期公司主要承担的税费，评价项目对增加政府税收的作用。

2）计算公式：提升税收收入 = ∑送出电源项目年度纳税额。

4.2.3 电网工程投资效益评价模型构建

图 4-2 给出了建立电网工程投资效益评价模型的基本流程，该建模过程包括三个阶段。

第一阶段：确定评价指标体系。针对重大输变电工程特征，在收集和整理相关信息的基础上构建评价指标体系。该部分内容体现在 4.2.2 节，主要从输电效率、运行效率、增量效益、规模效益、环境效益和社会效益 6 个维度建立了反映重大输变电工程运行效果的评价指标。

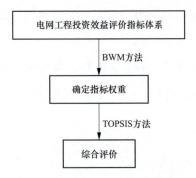

图 4-2　电网工程投资效益评价模型的基本流程

第二阶段：确定评估指标体系的权重。确定评估指标体系后，基于 BWM 方法计算各指标的权重。

第三阶段：以指标权重为基础，运用 TOPSIS 方法进行综合评价，构建多维度的重大输变电工程运行效果综合评价模型，分析重大输变电工程实际运行效果。

4.2.3.1　指标赋权方法

一般来说，指标赋权方法主要包含客观赋权方法和主观赋权方法两类。客观赋权方法（如熵权法）能避免人为设定权重的主观性，但对评价对象的数量依赖性较大，往往需要大量的输变电工程综合比较才能确定各指标的权重，当评价对象较少时，往往权重设定会出现较大偏差；主观赋权方法不依赖评价对象的数量，往往根据评价者的经验主观判断，所以多选取行业内或相关领域专家进行指标赋权，最为常用的主观赋权方法为 AHP 方法。

本小节采用 BWM 方法进行指标赋权。传统的 AHP 方法通过对指标间的重要性两两进行比较从而确认各指标的权重关系，需要进行 $n(n-1)/2$ 次比较，过程较为复杂且消耗较多时间，而 BWM 方法仅需确定最优指标与最劣指标再进行重要性比较，需要进行 $2n-3$ 次比较，相比而言能够减少较多工作量、节省较多时间，且评价结果未受到影响。

BWM 方法具体步骤如下：

（1）建立电网工程投资成效评价指标体系 $\{c_1, c_2, \cdots, c_n\}$，确定最优指标（最重要的指标）$c_B$ 以及最劣指标（重要性最低的指标）c_W。

（2）将最优指标与其他指标相比较，用数字 1~9 衡量最优指标 c_B 相比于

其他指标 c_j 的重要程度，1 表示两者重要程度相等，9 表示最优指标 c_B 比指标 c_j 极其重要，进而可以得到最优比较向量

$$A_B = (a_{B1}, a_{B2}, \cdots, a_{Bn}) \qquad (4\text{-}5)$$

式中　c_{Bn}——最优指标相比于第 n 个其他指标的重要性程度。

（3）将最劣指标与其他指标相比较，用数字 1~9 衡量其他指标 c_j 相比于最劣指标 c_W 的重要程度，1 表示两者重要程度相等，9 表示指标 c_j 比最劣指标 c_W 极其重要，进而可以得到最劣比较向量

$$A_W = (a_{1W}, a_{2W}, \cdots, a_{nW}) \qquad (4\text{-}6)$$

式中　a_{nW}——第 n 个其他指标相比于最劣指标的重要性程度。

（4）确定各指标的最优权重（w_1，w_2，w_3，$\cdots$，w_n）

$$\operatorname{minmax}_j \left\{ \left| \frac{w_B}{w_j} - a_{Bj} \right|, \left| \frac{w_j}{w_W} - a_{jW} \right| \right\} \qquad (4\text{-}7)$$

$$\text{s.t.} \begin{cases} \sum\limits_j w_j = 1 \\ w_j \geqslant 0,\ j = 1,\ 2, \cdots, n \end{cases} \qquad (4\text{-}8)$$

（5）式（4-8）可转化为非线性约束最优问题

$$\text{s.t.} \begin{cases} \min \xi \\ \left| \dfrac{w_B}{w_j} - a_{Bj} \right| \leqslant \xi \\ \left| \dfrac{w_j}{w_w} - a_{jw} \right| \leqslant \xi \\ \sum\limits_j w_j = 1 \\ w_j \geqslant 0,\ j = 1,\ 2,\ \cdots,\ n \end{cases} \qquad (4\text{-}9)$$

值得注意的是，考虑不同类型大型输变电工程在电网中发挥的作用存在差异，因此针对不同类型工程评价时，对于指标的权重设置存在差异，对于电源送出类工程将重点关注工程送电效果，在评价指标权重中对电量类指标赋值较高；同理，对于网架加强类指标，侧重于评价工程对于工程所在系统断面输送能力的提升，在评价指标中对电力效益类指标赋值较高。因此可以实现对于不同类大型输变电工程的统一评价。

4.2.3.2 考虑电网工程类型的投资效益评价权重设置

采用 BWM 方法对电源送出类、网架加强类和负荷供电类电网工程的投资效益评价指标权重进行计算，分别得到不同类型的输变电工程指标权重取值如下。

（1）电源送出类输变电工程。

1）对于电源送出类输变电工程，工程的侧重点更注重于输送电量、损耗率等指标，结合 4.2.3.1 构建的电网工程投资效益评价指标体系，设定最优指标 c_B 为"单位投资年输电量"指标，最劣指标 c_W 为"提升税收收入"。

2）构建最优比较向量 A_W，如表 4-4 所示。

表 4-4　　　　最优比较向量（电源送出类输变电工程）

指标	c_1	c_2	c_3	c_4	c_5	c_6	c_7	c_8	c_9	c_{10}	c_{11}
数值	2	2	2	3	4	4	4	6	5	2	1
指标	c_{12}	c_{13}	c_{14}	c_{15}	c_{16}	c_{17}	c_{18}	c_{19}	c_{20}	c_{21}	c_{22}
数值	4	4	2	4	4	5	6	6	7	7	8

3）构建最劣比较向量 A_W，如表 4-5 所示。

表 4-5　　　　最劣比较向量（电源送出类输变电工程）

指标	c_1	c_2	c_3	c_4	c_5	c_6	c_7	c_8	c_9	c_{10}	c_{11}
数值	7	6	7	6	5	5	5	4	5	7	9
指标	c_{12}	c_{13}	c_{14}	c_{15}	c_{16}	c_{17}	c_{18}	c_{19}	c_{20}	c_{21}	c_{22}
数值	4	5	7	5	5	4	3	3	2	2	1

4）基于 Lingo 11.0 软件，求得各指标的权重如表 4-6 所示。

表 4-6　　　　　　各指标权重（电源送出类输变电工程）

三级指标	权重（%）
年输送电量	9.16
年输电损耗率	4.31
年等效利用小时数	9.16
年最大功率	8.19
调度限值占比	4.80
年最大功率占调度控制功率比值	3.27
年最大功率持续时间	4.80
计划停运时次	2.48
故障停运时次	3.27
断面输送电量提升值	9.16
单位投资年输电量	10.28
断面输送功率极限提升值	2.42
单位投资年最大功率	3.27
年输电量占所在省全网用电量比例	5.63
年最大功率占所在省全网最大负荷比例	4.80
年最大功率占所在省并网装机容量比例	3.83
清洁能源输送比率	3.27
节约燃煤	1.31
等效减排 CO_2	2.48
拉动投资规模	1.16
增加就业人数	1.90
提升税收收入	1.04

（2）网架加强类输变电工程。

1）对于网架加强类输变电工程，工程的侧重点更注重于输送功率、最大功率等指标，结合 4.2.3.1 构建的电网工程投资效益评价指标体系，设定最优指标 c_B 为"单位投资年最大功率"指标，最劣指标 c_W 为"提升税收收入"。

2）构建最优比较向量 A_W，如表 4-7 所示。

表 4-7 最优比较向量（网架加强类输变电工程）

指标	c_1	c_2	c_3	c_4	c_5	c_6	c_7	c_8	c_9	c_{10}	c_{11}
数值	4	6	4	3	2	2	2	6	5	2	4
指标	c_{12}	c_{13}	c_{14}	c_{15}	c_{16}	c_{17}	c_{18}	c_{19}	c_{20}	c_{21}	c_{22}
数值	2	1	4	2	2	7	7	7	8	8	8

3）构建最劣比较向量 A_W，如表 4-8 所示。

表 4-8 最劣比较向量（网架加强类输变电工程）

指标	c_1	c_2	c_3	c_4	c_5	c_6	c_7	c_8	c_9	c_{10}	c_{11}
数值	5	3	5	6	7	7	6	3	4	7	5
指标	c_{12}	c_{13}	c_{14}	c_{15}	c_{16}	c_{17}	c_{18}	c_{19}	c_{20}	c_{21}	c_{22}
数值	7	8	5	7	7	4	2	2	2	1	1

4）基于 Lingo 11.0 软件，求得各指标的权重如表 4-9 所示。

表 4-9 各指标权重（网架加强类输变电工程）

三级指标	权重（%）
年输送电量	5.53
年输电损耗率	1.62
年等效利用小时数	3.90
年最大功率	7.86
调度限值占比	5.60
年最大功率占调度控制功率比值	5.60
年最大功率持续时间	8.92

三级指标	权重（%）
计划停运时次	2.69
故障停运时次	3.13
断面输送电量提升值	5.60
单位投资年输电量	3.36
断面输送功率极限提升值	5.60
单位投资年最大功率	11.19
年输电量占所在省全网用电量比例	5.51
年最大功率占所在省全网最大负荷比例	6.72
年最大功率占所在省并网装机容量比例	5.60
清洁能源输送比率	2.24
节约燃煤	2.24
等效减排 CO_2	2.24
拉动投资规模	1.87
增加就业人数	1.87
提升税收收入	1.12

（3）负荷供电类输变电工程。

1）对于负荷供电类输变电工程，工程的侧重点更注重于输电稳定性、输送电量等指标，结合本章构建的电网工程投资效益评价指标体系，设定最优指标 c_B 为"年输送电量"指标，最劣指标 c_W 为"提升税收收入"。

2）构建最优比较向量 A_W，如表4-10所示。

表 4-10　　　　　　　　最优比较向量（负荷供电类输变电工程）

指标	c_1	c_2	c_3	c_4	c_5	c_6	c_7	c_8	c_9	c_{10}	c_{11}
数值	1	2	1	5	6	6	6	2	2	6	1
指标	c_{12}	c_{13}	c_{14}	c_{15}	c_{16}	c_{17}	c_{18}	c_{19}	c_{20}	c_{21}	c_{22}
数值	6	3	4	5	5	5	7	7	8	8	8

3）构建最劣比较向量 A_W，如表 4-11 所示。

表 4-11　　　　最劣比较向量（负荷供电强类输变电工程）

指标	c_1	c_2	c_3	c_4	c_5	c_6	c_7	c_8	c_9	c_{10}	c_{11}
数值	9	8	9	6	4	4	4	8	8	3	9
指标	c_{12}	c_{13}	c_{14}	c_{15}	c_{16}	c_{17}	c_{18}	c_{19}	c_{20}	c_{21}	c_{22}
数值	3	7	5	6	6	5	2	2	1	1	1

4）基于 Lingo 11.0 软件，求得各指标的权重如表 4-12 表示。

表 4-12　　　　各指标权重（负荷供电类输变电工程）

三级指标	权重（%）
年输送电量	12.16
年输电损耗率	6.91
年等效利用小时数	8.59
年最大功率	4.44
调度限值占比	3.25
年最大功率占调度控制功率比值	3.25
年最大功率持续时间	3.25
计划停运时次	6.91
故障停运时次	6.91
断面输送电量提升值	1.47
单位投资年输电量	7.99
断面输送功率极限提升值	1.47
单位投资年最大功率	5.62
年输电量占所在省全网用电量比例	4.36
年最大功率占所在省全网最大负荷比例	4.44
年最大功率占所在省并网装机容量比例	4.44
清洁能源输送比例	3.97
节约燃煤	2.57

三级指标	权重（%）
等效减排 CO_2	2.57
拉动投资规模	2.12
增加就业人数	2.12
提升税收收入	1.19

4.2.4 综合评价方法

TOPSIS 方法是综合评价方法当中应用较多的方法之一，其步骤简单、耗时短，且能够比较多个待评价项目的好坏。一般来说，利用 TOPSIS 法确定指标评分，首先确定评价指标的最优值和最劣值，然后计算各个单位指标与最劣值的相对贴近度，进行指标的优劣评价，评价方法原理如下。

（1）设（x_1^+，x_2^+，…，x_m^+）为正理想系统，（x_1^-，x_2^-，…，x_m^-）为负理想系统，则被评价对象与正理想点的欧氏距离 y_1^+ 为

$$y_i^+ = \sum_{j=1}^{m} w_j \left(x_{ij} - x_j^+ \right)^2 \tag{4-10}$$

（2）被评价对象与负理想点的欧氏距离 y_1^- 为

$$y_i^- = \sum_{j=1}^{m} w_j \left(x_{ij} - x_j^- \right)^2 \tag{4-11}$$

一般负理想点为虚拟的最差方案，其每个属性值是决策矩阵中该属性最差的值，靠近正理想点、远离负理想点的方案为最佳方案。

（3）计算排队指示值 C_i，排队指示值强调了与负理想点的距离，排队指示值越大则表示方案越好

$$C_i = \frac{y_i^-}{y_i^+ + y_i^-} \tag{4-12}$$

4.3 配电网投资效率效益评价

4.3.1 配电网投资评价需求

配电网是我国电网企业投资的重点领域，近十年我国配电网投资均超过输电网投资。

从投资业务角度，配电网投资涉及规模决策、结构决策和项目决策。从投资成效角度，配电网投资涉及配电网运行能力、网架结构、安全可靠、节能环保、项目效益、管理效益等多方面。配电网的设备规模大、布点多、用户类别复杂，使得配电网投资评价工作难度大、紧迫性高。

对于电网企业内部业务部门而言，发展部门关注配电网规划、投资效率效益等方面；财务部门关注配电网投资效益、电价水平、核价要求等方面；安监部门关注供电安全性和可靠性等方面；营销部门关注供电质量、客服质量、售电收入等方面；对于电网企业外部主体来说，设备部门关注配电网设备状态、运行效率、退运退役设备管理等方面；政府部门关注供电能力保障、强调可靠供电等方面；社会大众关注用电安全可靠和经济划算等方面；监管部门关注配电网的设备运行效率、投资效益、电价水平、有效资产等方面。因此，以上各方对配电网的关注点主要集中在运行效率、经济效益、安全可靠、供电质量、网架结构、供电能力等方面。

围绕多方需求，当前配电网评估方法，综合考虑了配电网的可靠性、安全性、供电质量、运行水平、经济性等方面，采用德尔菲法、灰色关联分析法、主成分分析法、模糊分析法等方法对各类指标权重进行主观和客观赋权计算。但是，电网企业配电网发展涉及投资计划、规划设计、项目建设、资产管理、设备运维和售电收入多个环节，配电网投资成效评价面临工程项目数量多、数据贯通难等问题：一是由于中低压配电网项目多，招投标过程中常以打包形式处理，设备投资额难以切分，即从投资到项目到设备未贯通，从而使投资分类与设备运行状态难以直接关联，投资成效难以直接测算；二是固定资产管理中存在实物管理和价值管理不一致的情况，即资产运行台账和固定资产卡片信息不一致不同步。

由于基础数据规模大、人工干预多，配电网设备繁多、实际运行工况复杂，指标的权重设计与实际电网水平存在差异，综合评价方法的实用性和准确性不足。因此，配电网投资评价要聚焦核心指标，通过核心指标抓住关键问题，并随着"十四五"网上电网平台的逐渐完善，指标数据更加翔实，进而扩展指标体系。

4.3.2 配电网工程投资成效评价指标体系构建

配电网发展需要满足多方诉求，统筹协调经济高效、安全可靠、网架坚强、供电质量等要求，但受到配电网设备规模大、管理复杂、基础数据支撑有限等因素制约，需要抓住主要矛盾和矛盾的主要方面。基于配电网投资评价的特征客观性、应用普适性、数据可得性、实用便捷性原则，本节通过聚焦核心指标、关联关键目标的方式来构建综合评价指标体系。通过核心指标作为抓手，从国家、省、市、县四级贯通，穿透分析找问题、查原因。一是配电网投资内外部形势要求，效率效益已经成为配电网发展的关键评价标准，是落实电网企业战略目标的基本条件；二是从本源数据进行剖析，效率效益的指标具备线上直采的便捷性。

（1）本源数据分析。结合不同利益主体对配电网投资的关注重点，系统梳理各类配电网评价指标，分析指标计算公式，提取基础参数，并对基础参数进行筛选归类。

结合配电网评价相关的导则标准，包括 Q/GDW 11728—2017《配电网项目后评价内容深度规定》、Q/GDW 11615—2017《配电网发展规划评价技术规范》、Q/GDW 11724—2017《配电网规划后评价技术导则》、Q/GDW 10370—2016《配电网技术导则》、Q/GDW 645—2011《配电网设备状态评价导则》等。

通过汇总归类各类配电网评价相关导则标准的 53 个指标，如表 4-13 所示，综合考虑参数出现频次，删除非重点设备类型指标与非系统直采参数，筛选归类形成 24 个基础参数，如表 4-14 所示。进一步对基础参数进行归纳分析，形成 17 个本源数据，如图 4-3 所示。其中，变压器负荷、线路负荷、可控制负荷等归纳为负荷类本源数据，供电量、售电量、线损电量归纳为电量类本源数据。

本源数据间相互独立，能够通过系统直采，实现数据的开放、共享。

表 4-13 导则指标汇总和基础参数梳理

指标类型	导则来源	序号	指标名称	基础参数
供电可靠性	来源1+2+3+4	1	供电可靠率（RS-3）	用户数
				用户停电时间
	来源2	2	用户平均停电时间	用户数
				用户停电时间
供电质量	来源1+3	3	综合电压合格率	电压
				用户数
	来源2	4	"低电压"用户数占比	电压
				用户数
供电能力	来源1+2+3	5	变电容载比	变电容量
				变压器负荷
	来源1+2	6	户均配变容量	变电容量
				用户数
		7	主变压器N-1通过率	接线模式
				变压器负荷
网架结构	来源1+2+3	8	线路N-1通过率	接线模式
				线路负荷
		9	10kV平均供电半径长度	线路数量
				线路长度
		10	10kV线路联络率	接线模式
				线路数量

续表

指标类型	导则来源	序号	指标名称	基础参数
网架结构	来源1	11	典型接线比例	接线模式
				线路数量
	来源2	12	单线或单变站占比	变电站数量
				接线模式
设备水平	来源1	13	110/35kV 平均单条线路长度	线路数量
				线路长度
	来源1+2	14	高损耗配电变压器台数比例	变压器数量
				变压器型号
	来源1	15	设备运行年限	投运日期
	来源1+2	16	设备运行年限及分布	线路数量
				投运日期
				变压器数量
	来源1	17	达产年限	线路负荷
				线路容量
				投运日期
				变电容量
				变压器负荷
	来源1+3	18	达产度	线路负荷
				线路容量
				变电容量
				变压器负荷
	来源2+3	19	老旧设备占比	线路数量
				投运日期
				变压器数量

续表

指标类型	导则来源	序号	指标名称	基础参数
设备水平	来源2	20	满足设计使用寿命退役设备占比	线路数量
				投运日期
				退役日期
				变压器数量
	来源1+2+3	21	10kV架空线路绝缘化率	架空绝缘长度
				线路长度
		22	10kV线路电缆化率	电缆长度
				线路长度
		23	配电自动化覆盖率	配电自动化终端数量
				线路数量
		24	智能电表覆盖率	用户数
				智能电表数量
	来源2	25	分布式电源渗透率	分布式电源容量
				变压器负荷
		26	电动汽车充（换）电站面积密度	充换电站数量
				供电面积
	来源2	27	"三遥"终端占比	"三遥"终端数量
				配电自动化终端数量
		28	分布式电源控制能力	分布式电源可控容量
				分布式电源容量
运行效率	来源1+3	29	最大负载率	线路负荷
				线路容量
				变电容量
				变压器负荷

续表

指标类型	导则来源	序号	指标名称	基础参数
运行效率	来源 1+3	30	变压器年最大负载率分布	变电容量
				变压器负荷
		31	线路年最大负载率分布	线路负荷
				线路容量
	来源 1+2	32	最大负荷利用小时数	线路负荷
				供电量
				变压器负荷
	来源 1+2+3	33	平均负载率	供电量
				线路容量
				变电容量
	来源 1	34	变压器年运行等效平均负载率	变电容量
				供电量
		35	线路年运行等效平均负载率	供电量
				线路数量
	来源 2	36	负荷控制能力	可控制负荷
				全社会最大负荷
	来源 2+3	37	重载线路占比	线路负荷
				线路数量
	来源 2+3	38	重载主变压器占比	变压器负荷
				变压器数量
	来源 2	39	轻载线路占比	线路负荷
				线路数量
运行效率	来源 2	40	轻载主变压器占比	变压器负荷

续表

指标类型	导则来源	序号	指标名称	基础参数
运行效率	来源 2	40	轻载主变压器占比	变压器数量
	来源 1	41	重过载时长	线路负荷
				线路容量
				变电容量
				变压器负荷
经济效益	来源 1+2+3	42	综合线损率	供电量
				售电量
	来源 2+3	43	单位投资增供负荷	变压器负荷
				投资
		44	单位投资增售电量	供电量
				投资
	来源 2	45	单位投资降损电量	投资
				线损电量
	来源 1	46	配电网息税前利润	电价
				总成本
				售电量
				投资
		47	配电网总投资收益率	电价
				售电量
				投资、总成本
		48	配电网总成本费用	固定资产净值
				总成本
		49	单位输配电量成本费用	供电量
				固定资产净

续表

指标类型	导则来源	序号	指标名称	基础参数
经济效益	来源 1	50	单位资产运行维护费比率	固定资产净值
				运维成本
		51	内部收益率	电价
				售电量
				投资、固定资产净值
		52	资本金净利润率	电价
				售电量
				投资
				总成本
		53	资产负债率	投资、总成
				固定资产净值

注 来源 1 为 Q/GDW 11728—2017；来源 2 为 Q/GDW 11615—2017；来源 3 为 Q/GDW 11724—2017。

表 4-14 基础参数统计

参数类型	基础参数	出现频次	备注
供电可靠类	用户停电时间	2	
网架结构类	接线模式	5	
供电能力类	变压器负荷	12	
	线路负荷	9	
	可控制负荷	1	
	全社会最大负荷	1	
	电压	2	

续表

参数类型	基础参数	出现频次	备注
供电能力类	供电面积	1	
	用户数	6	
设备规模类	变电容量	9	
	线路容量	6	
	线路长度	6	
	线路数量	11	
	变压器数量	6	
	分布式电源容量	3	
	智能电能表数量	1	本次评价以变电、线路为分析重点
	充换电站数量	1	
	"三遥"终端数量	1	
	配电自动化终端数量	2	
设备状态类	投运日期	5	
	退役日期	1	
	变压器型号	1	数据直采难度较大
投资类	投资规模	12	
电量类	供电量	7	
	售电量	7	
	线损电量	1	
财务类	电价	5	
	固定资产净值	5	
	总成本	5	

基础参数		本源数据
用户停电时间		用户停电时间
接线模式		接线模式
变压器负荷、线路负荷、可控负荷、全社会最大负荷		负荷
电压		电压
供电面积、用户数		用户数
变压器容量		变压器容量
线路容量		线路容量
线路长度		线路长度
线路数量		线路数量
变压器数量		变压器数量
设备投运时间		设备投运时间
设备退役时间		设备退役时间
投资规模		投资规模
供电量，售电量、线损电量		电量
电价		电价
固定资产净值		固定资产净值
总成本		总成本

图 4-3 本源数据筛选

注 绿色的本源数据表示线上系统可获取。

（2）指标体系构建。基于本源数据，聚焦效率效益，充分考虑各方诉求，利用系统直采，构建配电网投资评价的综合指标体系。

1）核心类指标。为满足新形势新要求，本节聚焦配电网投资的效率效益，即以经济、高效为切入点，从电网企业运营发展的基本属性出发，构建核心类指标。

投资效率方面，聚焦配电网资产效率，并借鉴资产效率理论，依托本源数据，设计配电网资产效率指标；时间开动率方面，以用户平均停电时间为主，但该指标侧重于供电成效，与配电网设备间接关联弱，不可作为关键指标；合格品率方面，可根据设备退役和退运时间设计提前退运、退役设备作为关联指标；性能开动率方面，以设备利用率为主，本源数据中以负荷和变压器容量、线路容量为主，从而构建"负载率"作为核心指标。

经济效益方面的本源数据以电量、固定资产净值、电价、投资和成本为主，项目投资主要通过形成固定资产发挥效益。此外，由于项目与设备数据未贯通，无法将项目投资与设备产生的效益一一对应，故选择电量、电价、固定资产净值三个本源数据，可推导出单位资产收益率作为投资效益的核心类指标。由于在电网企业现有管理体制下，电价和成本无法细化至配电网设备，暂以单位资产售电量代为分析计算，并以单位投资增售电量作为关联指标分析。

2）关键目标类指标。电网企业在高质量可持续发展过程中，担负着各类社会责任管理任务，安全可靠、优质服务、结构坚强、国计民生等均是电网企业配电网投资发展的目标前提，关键目标类指标梳理如图 4-4 所示。随着技术创新突破，配电网发展的目标在逐步提升，国家、地方的诉求在日益变化，不同地区、不同经济水平的电网发展目标也都相对不同。因此，聚焦效率效益问题的核心指标追溯着电网的物理本源变化，相对稳定、满足各方利益诉求的关键目标类指标则随着经济社会的发展、区域建设水平的差异，存在着"一省一策"的时空变化特性。

图 4-4　关键目标类指标梳理

本节构建的综合指标体系，包含核心类指标和目标类指标，如图 4-5 所示。核心类指标直接反映投资的效率和效益问题，目标类指标存在时空差异性、"一省一策"，当前研究从安全可靠、供电质量、网架结构、供电能力等方面反映配电网发展的综合目标与边界条件。

核心类指标中，负载率、单位资产收益率"两率"将对省、市、县开展穿透分析，同时结合设备投运时间、重过载持续时间、设备 5 年内退役率对问题指标进行关联分析，通过信息系统直采，反映配电网投资的运行效率与经济效益。通过"两率"查找问题、解决问题，以"两率"为抓手落实公司四级贯通，让配电网精准投资要求落实到位。关键类指标是配电网建设的边界目标，在"两率"查找问题的同时，分析基础目标是否达标，统筹投资方案。

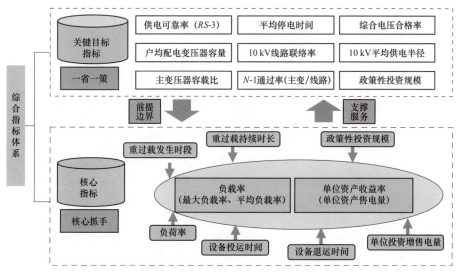

图 4-5 "核心 + 关键目标"综合指标体系

4.3.3 投资评价指标判据

考虑电网投资评价关键指标,分析投资评价判据,满足电网高质量发展要求。

(1)指标定义。评价配电网设备效率,主要用到"负载率"指标。

某一时刻的负载率,是设备在该时刻的视在功率与额定功率之比,设备的额定功率一般为额定容量,公式如下

$$负载率 = \frac{视在功率}{额定功率} \times 100\% = \frac{视在功率}{额定容量} \times 100\% \qquad (4\text{-}13)$$

其中

$$视在功率 = \sqrt{有功功率^2 + 无功功率^2} = \frac{有功功率}{功率因数} \qquad (4\text{-}14)$$

电网的功率因数接近 1,视在功率与有功功率基本相当。在实践中,一般用供电负荷的概念,负载率使用如下公式

$$负载率 = \frac{供电负荷}{额定容量} \times 100\% \qquad (4\text{-}15)$$

设备的最大负载率是反映设备在最大负荷时刻供电水平的重要指标，是一年之内最大负载时刻所对应的负载率

$$设备最大负载率 = \frac{最大供电负荷}{额定容量} \times 100\% \qquad （4-16）$$

设备的平均负载率是反映设备全年供电水平的重要指标，公式如下

$$设备平均负载率 = \frac{供电量}{设备容量 \times 8760} \times 100\% = \frac{平均供电负荷}{设备容量} \times 100\%$$

$$（4-17）$$

电网的负载率是所含设备的综合指标，最大负载率和平均负载率的公式分别见式（4-18）和式（4-19）

$$电网最大负载率 = \frac{电网最大供电负荷}{\sum 设备额定容量} \times 100\% \qquad （4-18）$$

$$电网平均负载率 = \frac{\sum 设备供电量}{\sum （设备容量 \times 8760）} \times 100\% = \frac{电网平均供电负荷}{\sum 设备容量} \times 100\%$$

$$（4-19）$$

同时，在对设备效率水平进行分析时，会综合考虑所供负荷的负荷率情况。负荷率等于设备所供负荷的平均负荷与最大负荷的比值。

（2）设备重过载评价标准。设备的安全风险通过最大负载率来评价。设备出现重过载情况时，也就是最大负载率过高时，即认定存在安全风险，其监测规则如下。

过载监测规则：最大负载率≥100%，且单次负载率≥100%的持续时间大于2h；

重载监测规则：80%≤最大负载率<100%，且80%≤单次负载率<100%的持续时间大于2h。

（3）设备轻空载评价标准。设备的容量裕度也是通过最大负载率来评价。设备出现轻空载情况时，也就是最大负载率过低时，即认定为设备容量裕度过大，其监测规则如下。

轻载监测规则：5%<最大负载率≤20%；

空载监测规则：0%<最大负载率≤5%。

（4）设备低效评价标准。

1）110kV 主变压器低效标准测算：通过统计分析确定 110kV 主变压器的低效分界点。单台设备的平均负载率＝平均负荷／设备容量＝（平均负荷／最大负荷）×（最大负荷／设备容量）＝负荷率 × 最大负载率。负荷率受用户负荷曲线影响，由统计数据进行筛选，最大负载率参照容载比 2.0 的标准值设定为 0.5。如某地区负荷率主要集中在 20%~50%，故以负荷率 20% 乘以最大负载率 50%，得到 110kV 主变压器的低效分界点，即平均负载率小于 10%。

2）35kV 主变压器低效标准测算：通过统计分析确定 35kV 主变压器的低效分界点。单台设备的平均负载率＝负荷率 × 最大负载率。负荷率受用户负荷曲线影响，由统计数据进行筛选，最大负载率参照容载比 2.0 的标准值设定为 0.5。如某地区负荷率主要集中在 20%~50%，故以负荷率 20% 乘以最大负载率 50%，得到 35kV 主变压器的低效分界点，即平均负载率小于 10%。

3）10kV 配电变压器低效标准测算：通过统计分析确定 10kV 配电变压器的低效分界点。单台设备的平均负载率＝负荷率 × 最大负载率。负荷率受用户负荷曲线影响，由统计数据进行筛选，最大负载率设定为 0.5（按单联络模式）。如某地区负荷率主要集中在 10%~50%，故以负荷率 10% 乘以最大负载率 50%，得到 10kV 配电变压器的低效分界点，即平均负载率小于 5%。

设备效率的高低通过平均负载率来评价，通过统计分析，可以得到不同电压等级设备平均负载率低效的标准。

4）10kV 线路低效评价标准统计分析：通过统计分析确定 10kV 线路的低效分界点。平均负载率＝负荷率 × 最大负载率。负荷率受用户负荷曲线影响，由统计数据进行筛选，最大负载率设定为 0.5。如某地区负荷率主要集中在 10%~50%，故以负荷率 10% 乘以最大负载率 50%，得到 10kV 线路的低效分界点，即平均负载率小于 5%。

4.3.4 投资评价思路

4.3.4.1 投资效率评价

围绕配电网设备效率的核心指标——负载率开展研究，通过将核心指标关联设备投运年限、重过载持续时长、连续重过载等辅助指标来剖析问题，并将设备指标与电网环境、负荷特性等因素相结合，从而精准化、差异化地反映配电网低效或重过载问题的原因。

深入研究配电网投资效率水平，对省、市、县层层分析设备问题，查找实际问题，剖析本质原因。"负载率"分析主要包括平均负载率和最大负载率两个指标：一是平均负载率（平均负载率＝平均负荷/设备容量），可以反映设备年度供电量水平与设备容量裕度；二是最大负载率（最大负载率＝最大时刻负荷/设备容量），可以反映设备在负荷高峰期的供电能力与设备容量裕度。通过这两个指标可以实现"点面"结合，以平均负载率划分设备利用水平的高低，再结合最大负载率判断设备的安全风险和投资经济性情况。同时，核心指标关联投运年限，反映低效的准确性和重过载的严重性，核心指标关联负荷率，反映重过载的短时季节性。

首先，从经济性角度，围绕平均负载率指标开展电网企业整体、省、市县各层级各电压等级的设备利用率分析。基于大规模设备层级数据的统计分析，查找低效原因。然后，从安全性角度，围绕最大负载率与持续时间开展电网企业整体、省、市县各层级各电压等级设备的重过载问题分析，进而查找投资不准确、不合理等问题，形成管理优化策略。此外，结合各省公司专项投资情况，针对投资结构与设备利用率和重过载情况进行关联分析，并对低效问题严重的省公司、重过载问题与低效问题并存的省公司开展指标穿透分析，查找共性问题与个性特征，为电网企业配电网投资效率评价提供有效支撑。负载率指标分析思路如图4-6所示。

4.3.4.2　投资效益评价

投资效益方面，围绕单位资产售电量进行深入研究，并结合外部宏观政策、投资结构特点、设备利用效率等因素分析查找边际效益变差的原因。

以单位资产收益率作为配电网投资效益指标，对省、市、县层层分析边际效益，筛选边际效益变差者，剖析本质原因。受限于投资、项目、设备以及电价收入的全环节数据尚未贯通，本节先以单位资产售电量作为配电网投资效益的分析指标。对省、市、县层层穿透分析，筛选出存在边际效益变差问题的县公司，结合外部宏观因素、3年内政策投资占比、平均负载率0%~10%占比等指标挖掘问题本质。配电网投资效益分析框架图如图4-7所示。

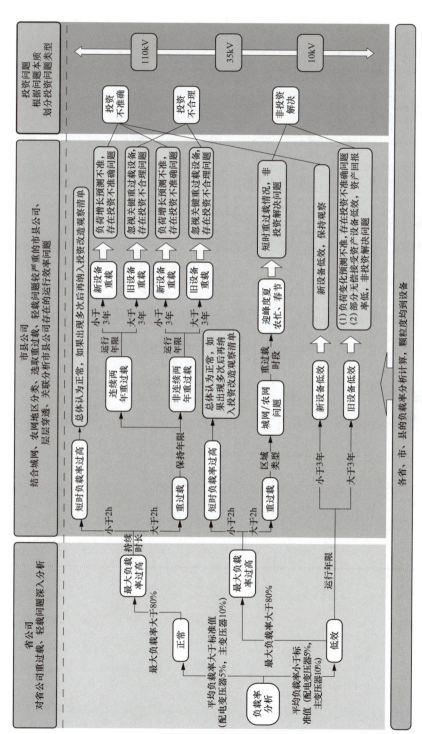

图4-6 负载率指标分析思路

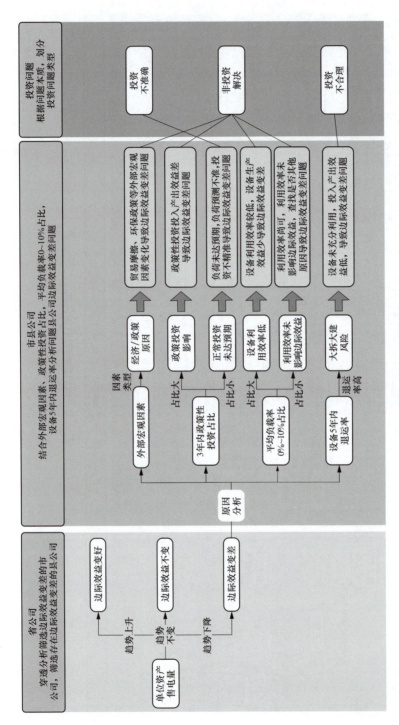

图 4-7 配电网投资效益分析框架图

4.4　投资评价与业务管理融合

研究电网投资评价体系与投资业务管控、电网规划运营业务的融合策略，体现闭环实践应用价值。

4.4.1　业务融合管理

4.4.1.1　"自上而下"指导投资计划调整

根据投资效率效益评价指标体系，评价得出地区配电网投资画像，作为投资计划调整依据，包括投资规模及结构。在总部层面，结合省公司上报投资规模、配电网投资画像及历年投资变化情况，分析投资规模合理性，给出调整建议。比如，省公司配电网设备总体低效问题较为严重，但近几年投资仍保持较大规模或增大趋势，则投资规模设定可能不合理，需要说明投资结构的合理性或新增投资用于解决什么问题，以投资效率效益评价问题为导向，研判投资规模及结构的合理性，给出投资规模压控或投资结构优化的建议，明确投资重点。在省公司层面，类似总部对省公司指导，根据各地市公司配电网投资效率效益评价结果，分析投资规模及结构合理性，给出投资计划调整建议。在地市公司层面，同样根据投资效率效益评价，分析投资规模合理性，并结合县公司上报的具体投资类别，明确投资结构问题。

4.4.1.2　"自下而上"形成投资过程管理

配电网效率效益评价融入投资日常管理，纳入项目储备库，以问题为导向，列入投资计划，加强投资效率效益评价结论对配电网投资的常态化指导实践，实现地、市、县日常投资计划安排与省公司、总部的投资管理贯通。结合电网企业信息化建设，推动配电网投资效率效益评价信息化系统的四级贯通联动，地、市、县公司日常针对配电网效率效益评价结论，以问题为导向，纳入投资项目储备库，将投资管理体现到、细化到基层人员的日常工作中。根据地区实际问题判断是否有必要安排至下一年的投资计划项目实施，在配电网投资评价系统中更新，说明项目安排是为了解决什么问题，便于核查投资合理性，也避免为了编投资计划而编。省公司根据系统投资评价信息，优化地市投资规模及结构，提升投资管理的精准性、高效性。

4.4.2　精准投资策略

以投资需求为基础，以投资能力为约束，以效率效益为目标导向，确定投资额度，综合考虑电网企业与地区特点，提出投资重点与方向精准投资策略框架如图 4-8 所示。

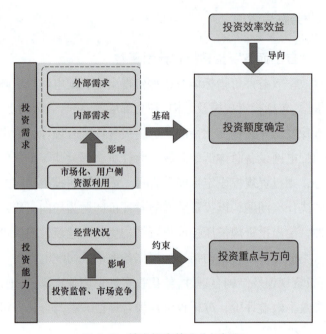

图 4-8　精准投资策略分析框架

4.4.2.1　投资需求与能力

（1）投资需求。投资需求包括内、外两部分，考虑到与市场其他主体的合作、利用用户侧资源可以延缓或减少配电网投资需求，两者可以纳入投资需求一并考虑。投资需求分析如图 4-9 所示。

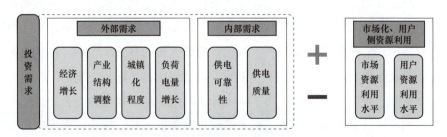

图 4-9　配电网投资需求分析

1）外部需求主要为经济社会发展对电力的需求，考虑因素包括地区经济增长、产业结构调整、城镇化程度、负荷电量增长情况等，政策性工程是其中的刚性需求。

2）内部需求主要为解决配电网的薄弱环节、发展需求，考虑因素包括供电能力、供电质量等。

3）市场化资源通过合适的投融资合作机制等，发挥市场在资源配置中的作用。在运行成本较高的设施设备建设中，引入社会资本和各类市场主体，拓展融资渠道，有效分担电网企业投资需求，同时带动产业链上下游共同发展，共享发展成果。

4）用户侧资源主要基于需求侧响应进行利用，通过削峰、填谷、精准实时负荷控制等手段，有效消除或缓解重过载，提升新能源消纳能力或减少机组启停，提高供电质量及系统稳定性，充分发挥存量用户侧资源的电源容量替代价值、配电容量节约价值，有效减少配电网投资需求。市场化资源与用户侧资源对投资需求影响如图 4-10 所示。

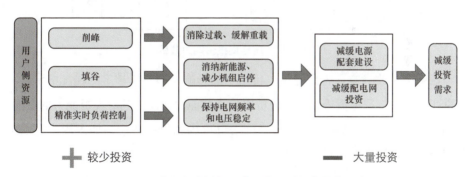

图 4-10　市场化资源与用户侧资源对投资需求影响

从外部需求看，用户侧资源作为电力系统发展、规划、运行的外部边界，经济动力转换、地方政府诉求对电力系统发展模式提出新要求；从内部驱动力看，电力系统内在的清洁发展、安全保障、高效运营，也倒逼转变电力发展方式。优先利用存量用户侧资源，充分发挥存量用户侧资源的电源容量替代价值、输配电容量节约价值，从而减少配电网增量投资需求。需求侧响应资源通过有效削减尖峰负荷，减少峰谷差，优化能源配置，节省电网建设投资。尤其是随着负荷增长，变电站布局选点、线路走廊用地资源的日趋紧张，需求响应是降低变电、线路扩容需求的重要手段。

（2）投资能力。投资能力测算主题以现金流量平衡为逻辑起点，以目标利润和目标资产负债率为边界条件，是财务所能够支撑的投资规模上限，通过输入关键假设及历史数据构建电网投资测算模型，支持财务投资决策。影响投资能力的主要因素可从内部、外部因素分析，内部因素主要包括经营状况、管理水平等，外部因素主要包括市场环境、经济环境和政策环境等。在企业实际运作过程中，内部财务因素对投资能力影响更大。

投资能力主要通过经营状况进行评估，输配电价监管、市场竞争是主要影响因素。经营状况主要包括营业收入、净利润、资产负债率、转资率、折旧率等指标情况。配电网投资能力分析如图4-11所示。

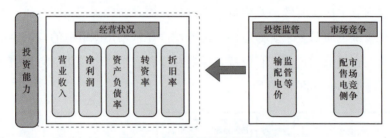

图4-11 配电网投资能力分析

输配电价监管方面考虑输配电价水平的影响，即对于核定的输配电价，结合资产负债率、现金流等指标，分析电价承载能力，评估其对投资能力的影响，如图4-12所示；市场竞争方面考虑配售电市场竞争的影响，如大用户直购电造成公司客户流失、市场份额下降等。

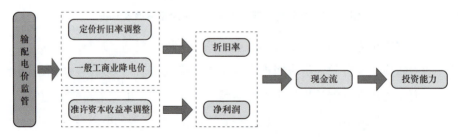

图4-12 输配电价监管对投资能力影响

改革不断深化带来配电网投资建设新考验。输配电价监管明确将有效资产纳入电价，抑制电网过度投资，连续两次下降一般工商业电价，对电网企业盈利水平造成较大影响；国资监管、行业监管、国家审计与输配电价监管、违规经营投资责任追究等形成联动态势，管投向、管程序、管风险、管回报全覆盖，投资规范性、有效性要求日益严格。输配电价改革将影响电网盈利方式，进而影响电网投资能力：一方面，两次降电价进一步加大电网企业经营压力，部分地方政府以降电价为唯一目标，大力压降电网成本和投资；另一方面，监管方式以电网的有效资产为基础，对输配电价的收入、成本、价格进行全方位直接监管，对有效资产的监管更趋严格，准许成本、准许收入的认定将对投资收益产生较大影响。

4.4.2.2 投资额度的确定

投资规模源于投资需求，同时受投资能力的制约。投资需求越大，需要的投资规模越大，投资能力越大，能够投资的规模越大。但初步投资规模应同时兼顾投资需求与投资能力，在确保配电网安全稳定运行的前提下，地区电网需准确把握自身投资需求和投资能力匹配性，在满足经济社会发展所需用电需求的同时，深入评价配电网投入产出效益，进一步确定最终投资规模，避免出现低效、无效投资问题，有效提升投资效率与效益。

（1）确定流程。投资额度的确定包括两步：第一步，根据投资需求、能力评估，初步确定各地区的投资额度；第二步，根据各地区配电网发展水平与投入产出效益相对关系，确定最终的投资额度。配电网投资额度确定流程如图4-13 所示。

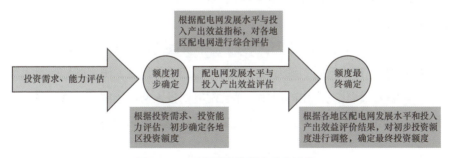

图 4-13 配电网投资额度确定流程

（2）确定初步投资额度。首先，综合考虑内外部需求、市场化与用户侧资源利用、经营状况，确定地区投资比例。然后，根据配电网投资总额得到各地区的初步投资额度。

地区初步投资额度＝配电网投资总额 × 地区投资比例，其中，地区投资比例计算如图 4-14 所示。

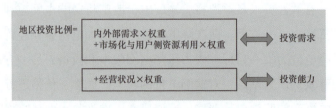

图 4-14　地区投资比例计算

初步投资额度确定的具体流程包括指标选取、权重设置、初步投资额度确定。

1）指标选取。统筹考虑投资需求（内外部需求、市场化与用户侧资源利用）与投资能力（经营状况）的主要影响因素。

2）权重设置。采用德菲尔法，定性与定量评估相结合确定各类指标的权重。

3）初步投资额度确定。根据配电网投资总额，以及地区投资比例，确定各地区的初步投资额度。

（3）得到最终投资额度。最终投资额度通过利用综合调整因子，对初步投资额度进行修正得出。综合调整因子考虑不同地区配电网发展水平和投入产出效益的评价结果，体现对发展基础薄弱、投入产出效益较高地区的投资倾向性。

1）配电网发展水平。根据效率效益指标体系（包含"三率三益"）评价各地区的配电网发展水平，反映配电网基础薄弱程度，取值范围为 [0，1]，越接近 0 表明发展基础越薄弱。

2）投入产出效益。根据单位投资下效率效益指标的改善程度评价配电网在不同维度的投入产出效益。综合考虑各类指标的改善程度，确定各地区投入产出效益，体现投入转化为产出的成效。结合配电网投入与产出间的关联关系，追踪分析投入产出的合理性，促进投资效益最大化。投入产出效益的计算公式如下。

$$投入产出效益 = \frac{评估年产出成效 - 基准年产出成效}{关联项目的投资额}$$

以安全效益类指标为例，上式中分子项为评估年户均停电时间与基准年户均停电时间之差，分母项为关联项目的投资额。

基于投入产出基础理论，按照不同电压等级及不同评价效用，梳理配电网相关投入指标和产出指标，并对两者之间的关系进行对应，构建基于效率效益指标的配电网投入产出效益综合评价体系。

配电网投入产出效益评价体系综合考虑配电网投入类指标与产出类指标之间的对应关系，不仅体现出配电网整体的投入产出效益，而且能够就某一局部电网、某一电压等级的投入产出效益进行评估，兼具整体性和针对性，以便更加有效地指导电网企业电力资源的优化配置，发现经营管理中的薄弱环节，进行配电网投入产出相关的模拟预测高级分析，最优化配电网投资效益，实现精准投入、最优产出，促进配电网高质量发展。

3）确定综合调整因子。综合调整因子根据配电网发展水平与投入产出效益关系，以及投资倾向性确定，计算公式如下

地区综合调整因子 =（1- 配电网发展水平）× 配电网发展水平调整系数
+ 投入产出效益 × 投入产出效益调整系数

对于调整系数的计算，引入双因素理论，又称为激励保健理论，由美国的行为科学家弗雷德里克赫茨伯格（Fredrick Herzberg）提出。双因素理论认为引起人们工作动机的因素主要有两个，即保健和激励因素。只有激励因素才能够给人们带来满意感，而保健因素只能消除人们的不满，但不会带来满意感。其中，引入激励因子和保健因子的概念，定义激励因子为能够引导配电网发展水平和投入产出指标进一步提升的系数（调整系数取值大于 1 时，定义为激励因子，一般应用在"发展水平指标弱或投入产出指标强"的情况）；考虑配电网发展水平现状，如果发展水平和投入产出指标引导意义不大，仅须维持基本正常需求，定义其采用的系数为保健因子（即调整系数取值小于 1 时，定义为保健因子，一般应用在"发展水平指标强或投入产出指标弱"的情况）。

对于配电网发展水平调整系数，其最大值取值为各地区发展水平评分最大值与最小值之比，最小值为各地区发展水平评分最小值与最大值之比。

调整系数取值：若地区发展水平大于等于各地区发展水平平均值，则调整系数取值区间在最小值与 1 之间；若地区发展水平小于等于各地区发展水平平均值，则调整系数取值区间在 1 和最大值之间。

对于配电网投入产出效益调整系数，其最大值取值为各地区投入产出效益

评分最大值与最小值之比,最小值为各地区投入产出效益最小值与最大值之比。

调整系数取值:若地区投入产出效益大于等于各地区发展水平平均值,则调整系数取值区间在 1 和最大值之间;若地区发展水平小于等于各地区发展水平平均值,则调整系数取值区间在最小值与 1 之间。

(4)最终投资额度确定步骤。

1)在得出各地区综合调整因子的基础上,计算其中位数。

a.指标选取:对配电网发展水平、投入产出效益进行评价,主要包括时间可用率、性能发挥率、网络传输率、经济效益、安全效益、社会效益以及相关投入成本等。

不同指标的维度、计量单位和评价标准可能不同,为便于指标评价分析,需要进行归一化处理。

b.权重设置:采用德菲尔法,定性与定量评估相结合确定各类指标权重。

c.地区排序:根据配电网发展水平与投入产出效益评分,由对应调整系数计算各地区综合调整因子,并按大小排序。

2)以中位数为基准,计算各地区综合调整因子与中位数的距离(差值)。确定排序重心:以综合调整因子中位数地区为重心,计算各地区综合调整因子与中位数的差值。

3)按照距离大小和方向(正负),对初步投资额度按比例向上或向下修正,确定最终投资额度。确定调整方向:以中位数地区为基准,通过线性分配方法进行调整;排名位于重心之前的地区进行上调,排名位于之后的地区进行下调。为保证上调和调整比例不影响总的投资额度,应满足所有上调地区的初步投资比例与上调比例之和等于所有下调地区的初步投资比例与下调比例之和。

4.4.2.3 投资重点与方向

(1)地区及投资分类。

1)地区分类。根据投资需求、投资能力的差异性,将地区划分为四类,如图 4-15 所示。地区分类适用于省级公司,也适用于地市公司。

图 4-15 中,Ⅰ类地区的投资需求较大,投资能力较强;Ⅱ类地区的投资需求较小,投资能力较强;Ⅲ类地区的投资需求较大,投资能力较弱;Ⅳ类地区的投资需求较小,投资能力较弱。

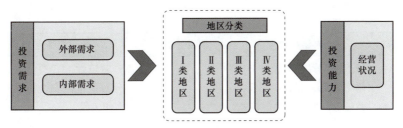

图 4-15　配电网投资地区分类

以投资需求、投资能力平均水平为原点，对地区进行划分，投资地区分类四象限如图 4-16 所示，圆形阴影面积越大，投入产出效益越大。

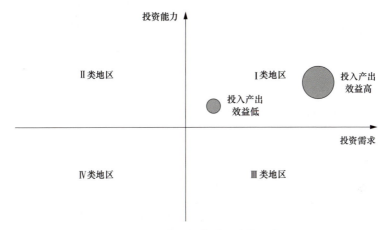

图 4-16　配电网投资地区分类四象限

对地市公司投资能力进行评估，可通过构建虚拟收益的方式。虚拟收益根据地市公司的电量收入、购电成本、辖区所属资产原值、省级公司平均折旧率等进行测算。

2）投资分类。根据项目内涵与特点，将配电网投资项目分为四类：政策型投资、安全型投资、经济型投资和战略型投资。四类投资工程的内涵及特点，如表 4-15 所示。

表 4-15　　　　　　　　　　　　四类投资工程内涵及特点

项目分类	内涵和特点	项目分类	内涵和特点
政策性投资	**内涵**：主要以落实党中央要求和国家战略为首要目标开展的电网建设工程	安全型投资	**内涵**：主要满足配电网结构加强、供电安全可靠性及质量提升为主要目标开展的电网建设工程

续表

项目分类	内涵和特点	项目分类	内涵和特点
政策性投资	**特点**：配置标准较高，但利用率较低，多数工程经济效益较低，但社会效益显著	安全型投资	**特点**：紧迫性、必要性强，尤其是部分对配电网安全可靠运行影响较大的工程
经济型投资	**内涵**：主要以满足新增负荷需求、新能源接入等为主要目标开展的电网建设工程 **特点**：紧迫性相对较强，支撑经济社会发展对电力的需求	战略性投资	**内涵**：立足公司战略发展要求，关系长远市场份额、社会信誉、技术储备等战略利益开展的电网建设工程 **特点**：投资规模大、回报周期长，注重长远效益，但可能伴随一定的投资风险

　　为适应监管要求，针对政策型、安全型、经济型、战略型四类投资进行分类归集，区分为监管类、市场化业务。监管类纳入电网基建、电网技改规划，各类工程中用于支持传统配电网业务部分的投资，均属于监管类，通过输配电价疏导；战略性工程中部分对外服务的投资属于市场化业务，主要通过市场机制回收投资。四类投资工程与监管类、市场化业务对应关系如图 4-17 所示。

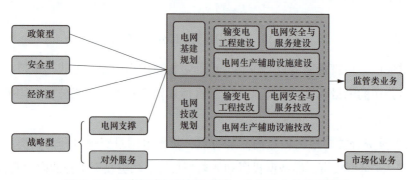

图 4-17　四类投资工程与监管类、市场化业务对应关系

　　（2）分类投资重点与方向。

　　1）地区投资重点。根据地区分类情况，分别确定四类地区的投资重点。

　　针对Ⅰ类地区，需要统筹考虑政策型、安全型投资，在满足配电网基本投资需求的基础上，优化投资方向，同步考虑经济型、战略型投资。

针对 II 类地区，可以重点考虑战略型、经济型投资，按需求开展政策型工程；提升智能化水平，推动配电网发展升级；考虑有剩余投资能力，可承担东西帮扶任务。

针对 III 类地区，需要优先考虑安全型、经济型投资，满足投资基本需求，以优先"一项多能"为原则均衡安排政策性投资，避免重复建设；适度考虑战略型投资。

针对 IV 类地区，可以统筹考虑安全型、经济型投资，挖掘低成本、高效益的投资手段；按需求开展政策型工程。

2）专项投资策略。

a. 政策性工程：一是根据配电网总体条件统筹推进。针对配电网总体条件较为薄弱、投资能力较弱的地区，需要积极争取加大中央资金扶持力度；在满足政策性工程建设基础上，提升地区配电网发展水平，对其电网利用率、经济效益有一定容忍度，注重长期的社会效益。针对电网条件相对较好，但投资能力相对较弱的地区，在争取政策支持基础上，结合电网局部薄弱环节，探索利用分布式电源＋储能、调容变压器等方式满足政策性工程需求；以"一项多能"为原则实现多目标整合设计，如光伏扶贫项目配套送出工程在满足分布式电源接入的同时，满足周边农村负荷需求，从而消除设备重、过载，提升农网户均配变容量和供电能力。另外，探索中央预算内投资补助和贴息长效机制。落实中央预算内投资补助和贴息项目管理要求，以部分地区或专项任务为试点，以企业投资资金补助和投资贷款利息补贴的形式补贴农网投资主体，发挥补助和贴息的引导作用，挖掘电网公司及社会资金潜力。

二是进一步完善东西帮扶机制，有效缓解政策性工程建设压力。完善东西帮扶基金运作的长效机制，一方面，在核价投资空间和投资能力较大的东部地区，承担帮扶任务，缓解被帮扶地区政策性工程建设资金压力，并促请在核定东部帮扶地区输配电价时，适当考虑分摊帮扶工程的普遍服务成本。另一方面，被帮扶地区积极向地方政府争取价格、财税等配套支持政策，进一步减轻政策性工程建设压力。

配电网发展不平衡、不充分的矛盾较为突出，部分中西部地区投资能力不足，但政策性投资任务重，仅依靠东部省级公司的成本或利润援助无法保障可持续发展的需要，需要在国家层面建立投资和电价帮扶的长效机制。对于选择合理可行的投资帮扶机制，一是投资帮扶机制，针对中西部地区重大电网项目需求，由东部地区有投资能力的省份出资建设运维，相关投资纳入东部省级电网输配电价回收。二是电价帮扶机制，对于电价空间相对充足的东部地区省份，阶段性的在输配电价中附加中西部电网建设基金，用于中西部困难地区电网建设运维。

b.安全型、经济型工程：一是针对安全型、经济型工程，分别以成本最小和净利润最大为原则进行选择，提高投资有效性。对于仅为提高配电网安全可靠性的投资项目，在满足安全可靠性目标下根据成本最小原则挑选项目；对于具有经济效益的项目，需定量评估经济效益和成本，以净利润最大化原则确定最优项目。

二是注重投资针对性，高效、有序提升配电网效率效益。一方面，重点关注对优质客户投资的针对性，尤其是新经济催生出的数据中心等用电量大、电价高的高价值客户。另一方面，针对安全可靠性与运行效率均较低地区，注重投资针对性，优先选择网架结构优化的方案，以网格化规划理念明确目标网架，逐年细化建设方案，并通过常态化储备项目解决临时突发问题，同时提升安全可靠性和设备利用率。

三是优先利用用户侧资源，减缓投资建设需求。针对安全可靠性水平较高，但运行效率较低的地区，在负荷峰谷差较大、电力市场机制较完善条件下，充分利用用户侧资源，优先投资需求侧管理相关设施，实现供需灵活匹配，提升资产效率，延缓或减少配电网建设需求。

四是提升"一项多能"项目的时序优先级，实现投资效益效率最大化。通过单个项目、单次投资实现多个成效或目标，一方面能够使得投资效益效率最大化，满足安全可靠、经济运行需求，另一方面能够有效降低项目失败风险。为实现精准投资，存量业务和增量市场中都应该对"一项多能"项目进行重点考虑与适当优先安排。以优先"一项多能"为原则，实现多目标整合设计，结合项目内外部条件，评估项目的实现风险，确保能落地的"一项多能"项目能够在同等条件下获得更高的时序优先级，降低投资风险。

c.战略工程：对于科技创新类，一是根据电网发展水平、投资能力，结合技术成熟度，分类自主开展科技创新。在配电网发展水平较低、投资能力较弱的地区，结合自身网架加强、负荷增长需求基础，开展需求侧响应、配电自动化等成熟度较高的技术创新投资，根据自身需求探索开展智能终端、网络通信等科技创新所需基础设施建设，为深入推广其他技术创新奠定基础；在配电网发展水平较高、投资能力较强的地区，积极尝试前沿科技创新，为电网企业做好尖端技术储备，推动配电网灵活、高效发展。二是区分市场化资源丰富程度、投资能力强弱，与市场主体合作开展科技创新。在市场化资源丰富、投资能力较强的地区，分析互联网企业、其他市场主体科技创新优势，开展优势互补合作，降低公司自身研发成本，提升科技创新收益；在市场化资源有限、投资能力较弱的地区，聚焦自身科技创新核心需求，尝试与社会主体合作，探索利益分享机制。三是依托电网企业双创环境，激励基层员工创新、创造。积极发挥基层员工创新热情，结合生产经营一线迫切需求，开展精准投入，以较小成本解决实际问题，提升投资效益。

对于多站融合，一是统筹整合配电网变电站（配电室）、信息通信等现有资源，因地因站因需因时建设多站融合项目，有效降低投资成本。充分利用变电站（配电室）站址资源，有效利用原有软硬件环境，进行必要改造和适当扩充升级；统筹考虑数据中心站、储能站、充换电站、5G基站、北斗地基增强站建设，实现资源综合利用和复用，大幅节约投资成本。二是加强电网企业内部各专业间协同配合，发挥公司产业单位、金融单位的作用，积极与外部企事业单位合作，实现共赢发展。针对基础设施类投资，为确保电网企业在多站融合业务中的主导地位，建议由省市综合能源服务公司、直属产业单位等主业下属分、子公司进行投资；针对运营服务类投资，因市场需求导向性强、专业化程度要求较高，建议优先选择直属产业单位进行投资，亦可引入互联网公司、电信运营商等社会主体参与，各省市公司在充分考虑自身投资能力、专业能力的情况下，也可以适度参与。多站融合投资合作方式如图4-18所示。

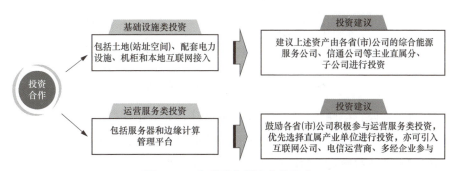

图4-18 多站融合投资合作方式

4.4.3　投资保障措施

根据电力规划编制企业发展规划，并开展电网项目前期工作，负责将电力规划落实到具体项目；电网项目投资由投资主管部门负责，参考电力规划，根据相关政策法规对各级的电网投资项目进行审批；输配电价作为电网企业监管类投资回收的渠道，由价格主管部门负责核定。

电网规划周期与监管周期的衔接、项目是否纳入政府能源电力规划、规划外新增投资以及机制外降电价等影响因素，对配电网投资的有效回收将产生较大影响。

规划、投资、电价在保障电网发展过程中具有一脉相承的特点，亟需基于规划—投资—电价联动的电价疏导策略，如图 4-19 所示。该策略能够确保配电网监管类投资通过输配电价有效疏导，取得良好的投入产出效益。

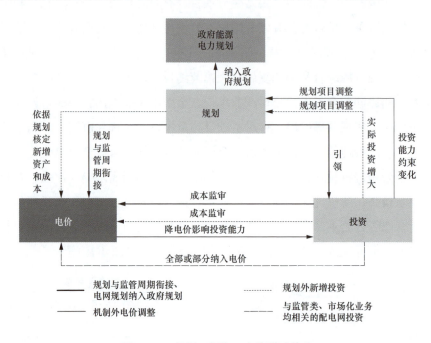

图 4-19　规划—投资—电价联动策略

在规划阶段，电网规划环节落实能源战略，充分论证电价承载能力，发挥规划引领作用，将电网企业输配电业务相关的投资范围，全面纳入电网规划，适应输配电价改革要求，与电价核定范围有效衔接。

在投资管控阶段，投资管控环节加强合规审核、保障及时有效疏导。以确保投资效益效率为核心，强化投资管控力度，结合战略规划目标、核价投资要求，建立电网项目监管投资负面清单，明确各级责任，提高流程效率，加强核准或备案等合规性管理。

在电价核定阶段，落实改革要求，明晰规则、规范程序，充分衔接电网规划目标和投资规模，理顺价格传递通道，使纳入规划、履行投资审核程序的电网投资确保有效疏导。

基于以上规划、投资管控、电价核定阶段分析，提出四条电价疏导策略，确保配电网投资有效回收。

（1）确保监管类配电网投资全部纳入政府规划、全量履行审核程序、全额纳入输配电价疏导。在电网5年规划总体框架下，分电价监管周期划定配电网投资规模，经政府部门审定后作为输配电价核定的有效依据；推动配电网规划全部纳入政府能源电力规划，全量履行审批程序，形成有效资产，确保配电网监管类业务投资通过输配电价全额回收。

（2）确保落实国家战略及应急抢险等规划外配电网投资发生时，能够及时纳入滚动规划，并与监管周期电价水平有效联动。建立规划项目动态管理机制，对于规划外新增的政策性专项按照决策部署组织实施，对于应急救灾、重大活动保电等电网项目，按照应急和保电需要及时组织实施，并按规定将相关投资纳入电网规划滚动调整，在输配电价核定及调整环节予以及时、有效疏导；此外，明确将政策型工程在规划、投资、电价疏导等全环节标签化，保证全额纳入输配电价。

（3）确保机制外调整输配电价时，配电网规划投资能够进行相应调整。在落实国家减税降费、电价调整等宏观政策，以及地方政府相关政策时，配合价格主管部门、能源主管部门，全面梳理配电网规划投资规模和进展，专项分析监管周期内电价调整空间；在电价调整后，及时由能源和价格主管部门组织开展相应规划投资调整工作，形成联动机制。

（4）力促与配电网相关的投资，使其尽可能全部纳入输配电价。配电网是公司泛在电力物联网建设主战场，从经营角度考虑，泛在电力物联网业务界面大致可分为支撑监管类输配电业务、市场化竞争性业务以及支撑平台型公共业务，其中支撑平台型公共业务指通过信息、技术、服务等共享，打造价值共享生态圈，带动周边产业协同发展。从投资回收路径考虑，泛在电力物联网在配电网侧的投资主要通过输配电价以及市场机制回收两类方式，按照支撑业务属性的不同考虑相应的回收路径，具体包括：① 对于支撑监管类业务投资，按照输配电价监管要求，全额通过输配电价回收；② 对于支撑市场化竞争性业务投资，需通过创新商业模式，由市场化机制回收；③ 对于支撑平台型公共业务投资，通过加强社会效益属性标签化等方式，争取政策倾斜，以合理比例纳入输配电成本；④ 对于业务支撑界面涉及监管类业务、市场化竞争性业务、平台型公共业务的投资，建议按照电价疏导策略，根据资产使用率、收入比例、与监管类业务相关程度等方式，分别通过输配电价、市场机制回收投资。

5 电网投资保障

5.1 电网规划—投资—电价联动机制

5.1.1 规划投资电价联动关系

在我国，电力行业发展规划一般由能源主管部门负责；电网企业根据电力规划编制企业发展规划，并开展电网项目前期工作，负责将电力规划落实到具体项目；电网项目投资由投资主管部门参考电力规划，根据相关政策法规对各级的电网投资项目进行审批；输配电价作为电网企业监管类投资回收的渠道，由价格主管部门负责核定。电网规划、投资、电价三者在保障电网发展过程中一脉相承的特点和各环节分段管理的实际情况，决定了在三者之间建立联动机制的必要性。

"规划—投资—电价"的联动关系如图 5-1 所示，主要包括三个阶段。

5.1.2 电网规划阶段

电网规划环节落实能源战略，充分论证电价承载能力，发挥规划引领作用，将电网企业输配电业务相关的投资范围，全面纳入电网规划，适应输配电价改革要求，与电价核定范围有效衔接。在电网规划报告中，设立电价承载能力专篇，在规划编制和审核过程中，能源主管部门主导，价格主管部门、电网企业充分参与，共同研究论证，确保电网规划落实能源发展战略，规划投资得到输配电价有效支撑。电网规划发起联动运行模式如图 5-2 所示。

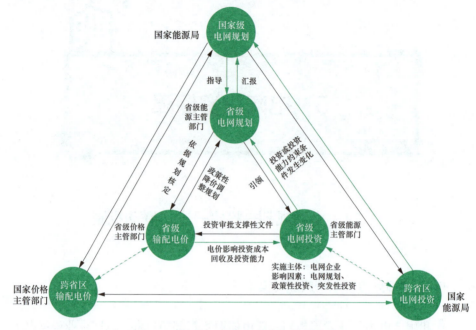

图 5-1 "规划—投资—电价"的联动关系

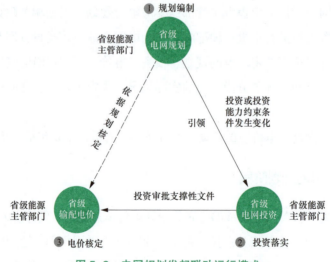

图 5-2 电网规划发起联动运行模式

5.1.3 电网投资管控阶段

投资管控环节加强合规审核，保障及时有效疏导。确保以投资效益效率为核心，强化投资管控力度，结合战略规划目标、核价投资要求，建立电网投资项目负面清单，明确各级责任，提高流程效率，加强核准或备案等合规性管理。在规划期内、电价监管期内，对于落实党中央决策部署，推进国家战略的新增政策性投资，以及提升营商环境、应对自然灾害等时效性要求较高的投资项目，能源主管部门指导电网企业，按照决策部署和应急需要推进实施，同步履行合规审核程序，纳入电网规划中期滚动，并在电价监管期末的核定中给予有效疏导。政策性、突发性投资因素发起的联动运行模式如图 5-3 所示。

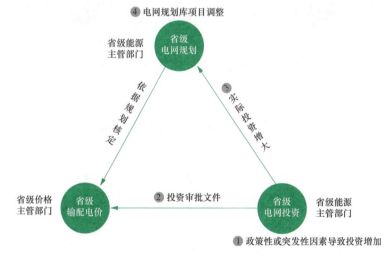

图 5-3　政策性、突发性投资因素发起的联动运行模式

5.1.4　电价核定阶段

电价核定环节落实改革要求，明晰规则，规范程序，充分衔接电网规划目标和投资规模，理顺价格传递通道，确保纳入规划、履行投资审核程序的电网投资有效疏导。在落实国家减费降税、电价调整等宏观政策，以及地方政府相关政策时，价格主管部门同能源主管部门、电网企业，全面梳理规划投资规模和进展，专项分析监管周期内电价调整空间；在电价调整后，能源和价格主管部门，要组织电网企业，开展相应规划投资调整工作，形成联动机制。政策性调价因素发起的联动运行模式如图 5-4 所示。

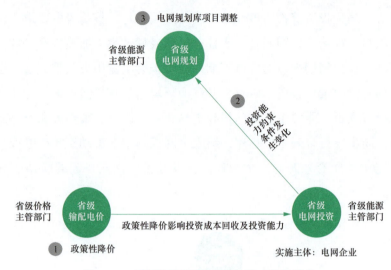

图 5-4 政策性调价因素发起的联动运行模式

5.2 电网东西帮扶机制

当前，电网发展不平衡、不充分的矛盾较为突出，部分中西部省公司投资能力不足，但政策性投资任务重，仅依靠东部省公司的成本或利润援助无法保障可持续发展的需要，需在国家层面建立投资和电价帮扶的长效机制。电网投资东西帮扶示意图如图 5-5 所示。

一是投资帮扶。针对中西部地区重大电网项目需求，由东部地区有投资能力的省份出资建设运维，缓解中西部困难地区投资压力。国家能源主管部门以及地方政府在项目核准阶段通过批复文件予以明确，同意将帮扶投资计入东部地区省级电网输配电价回收。

二是电价帮扶。对于电价空间相对充足的东部地区省份，阶段性地在输配电价中附加中西部电网建设基金，用于中西部困难地区电网建设运维。援建项目由国家能源主管部门审定，以推动解决电网发展不平衡、不充分问题。

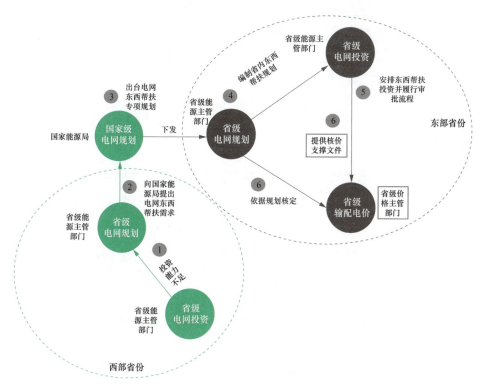

图 5-5 电网投资东西帮扶示意图

5.3 电网投资管理信息化

按照新的电网规划投资管理体系，规划范围拓展、项目数量增加，每年履行核准和备案的电网投资项目超过 20 万项。需要通过信息化手段，实现各层级能源主管部门上下联动、分级负责，确保管理机制高效运转。同时，利用电网企业技术优势，实现政企信息对接，对规划落实、投资决策、项目审批、建设实施、效率效益等情况进行综合管理和大数据分析，促进能源、投资、价格管理信息贯通，推动电网投资效率效益提升，并为输配电价核价工作提供管理分析工具和辅助决策支持。电网规划投资信息化平台运行流程示意图如图 5-6 所示。

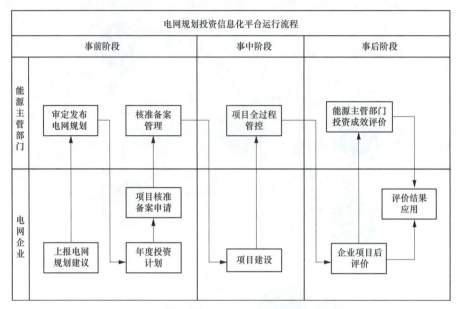

图 5-6　电网规划投资信息化平台运行流程示意图

初步设想，电网投资管理平台主要包括项目核准备案管理、电网投资统计分析、个人中心等三大功能，初步设计如图 5-7 所示。

项目管理包含项目库管理、材料库管理、文件库管理。其中项目库管理可以实现新建投资项目、修改完善投资项目、申报投资项目、挂接申请材料（自动纳入材料库管理）、挂接审批文件（自动纳入文件库管理）、查看投资项目审批进度（信息完善阶段、申报项目阶段、审批项目阶段、已批复阶段、已退回阶段）、变更项目核准备案等功能。材料库管理可以查看投资项目挂接的各种材料，支持图片、文件、视频等类型，便于统一管理。文件库管理可以查看投资项目的批复文件，支持多文件下载、查看。

统计分析为多维度（分单位、分电压、分类别），主要包括投资项目统计分析、投资项目历年增长趋势分析、投资项目审批情况表、投资项目完整性分析等。

个人中心是针对账号管理体系和不同角色建立不同的账号，保障审批流程顺利进行。包括用户管理、角色管理、菜单管理、单位管理等功能。

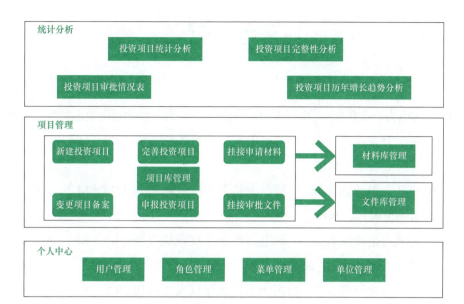

图 5-7　电网投资管理平台功能初步设计

参考文献

[1] 中国电力企业联合会.中国电力工业史［M］.北京：中国电力出版社，2022.

[2] 中国电力企业联合会.中国电力行业年度发展报告2017［M］.北京：中国市场出版社，2017.

[3] 中国电力企业联合会.中国电力行业年度发展报告2018［M］.北京：中国市场出版社，2018.

[4] 中国电力企业联合会.中国电力行业年度发展报告2019［M］.北京：中国建材工业出版社，2019.

[5] 中国电力企业联合会.中国电力行业年度发展报告2020［M］.北京：中国建材工业出版社，2020.

[6] 中国电力企业联合会.中国电力行业年度发展报告2021［M］.北京：中国建材工业出版社，2021.

[7] 中国电力企业联合会.中国电力行业年度发展报告2022［M］.北京：中国建材工业出版社，2022.

[8] 田鑫，靳晓凌，韩新阳.新形势下电网投资关联因素和策略分析［J］.电力与能源，2020，41（05）：647-649.

[9] 田鑫，靳晓凌，韩新阳，等.典型电网工程投资成效监管重点及趋势［J］.中国电力企业管理，2019（28）：74-76.

[10] Xie Guanglong, Wang Xubin, Jin Xiaoling. Research on Investment Evaluation Strategy of Distribution Network Focusing on efficiency and Benefit. 2020 International Symposium on Energy Environment and Green Development［J］. IOP Conference Series Earth and Environmental Science, 2021, 657（1）：012084.

[11] 甘德一，张媛敏，曾鸣.电网建设项目投资优化方法研究［J］.改革与战略，2009，25（5）：612.

[12] 国家发展改革委体改司．电力体制改革解读［M］．北京：人民出版社，2015.

[13] 李娟，李晓辉，刘树勇，等．基于理想解法和灰色关联度的配电网投资效
     益评价［J］．华东电力，2012，40（1）：12-17．

[14] 赵良，李立理，何博，等．适合我国国情的智能电网评价指标体系及计算
     方法［J］．电网技术，2015（12）：3520-3528．

[15] 李蕊．基于不同商业运营模式的分布式电源/微电网综合效益评价方法［J］．
     电网技术，2017（06）：1746-1758．